ガバナンスと評価 8

韓国認知症政策の
セオリー評価

李 玲珠 著

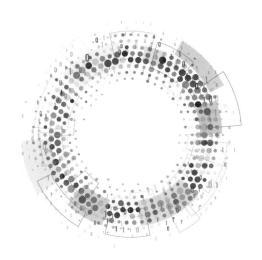

晃洋書房

は じ め に

　本書は，評価理論などまったくの専門外だった筆者が，怖いもの知らずで国レベルの政策評価に取りかかり，案の定の悪戦苦闘を経て，一応の結論を導き出した記録である．

　数年前，博士論文で韓国の認知症政策を検討しようと考えていた筆者は，評価という研究手法があることを少しずつ知るようになった．決定的だったのは，プログラム評価の先達，ロッシらの著作 [Rossi, Lipsey and Freeman 2004] との出会いである．それによると，政策などのプログラムには秘められた（?）セオリーが必ずあり，それが妥当でなければ効果を見込めないという．なるほどと思った．では，どのようにしてセオリーの妥当性を確認するのか，それは本当に可能なのか，どきどきしながら本を読んだおぼえがある．そこで提示されているセオリー評価を行うことで，認知症者が抱えている大変さの中身を確認するとともに，これまで見落とされてきた政策とのズレを見つけられるのではないかと目論んだのだった．

　セオリー評価は，5段階からなるプログラム評価の2段階目である．ロッシらは，各段階をきちんと踏みながら評価を進めるよう強く奨励している．セオリー評価の前提となる1段階目は，ニーズ評価である．当事者のニーズを踏まえて政策のセオリーを評価するという，筆者にとっては願ったり叶ったりの研究枠組みが確立していた．しかし，ロッシらは「評価者が活用できる押しボタン式の手順（push-button procedure）は存在しない」[Rossi, Lipsey and Freeman 2004＝2005：144] と釘をさしてもいる．実際，評価理論は理解できても，評価を実施するのは簡単なことではなかった．さらに，「プログラム評価」「アウトカム評価」などは耳におぼえがあったものの，セオリー評価となると参考にできる先行研究がきわめて少なく，ほとんど手探りで自分の研究を組み立てるしかなかった．

　そして具体的には，韓国の認知症政策を総合的にまとめている「第3次痴呆管理総合計画（2016〜2020）」を研究対象とし，認知症高齢者が生活するうえで抱えているニーズがどれだけ反映されているかと，計画によって実施されている取り組みの状況を，セオリー評価の理論枠組みにもとづいて検討した．

筆者は韓国の介護老人福祉施設に約5年，療養病院に約2年勤務し，認知症者，家族，従事者と関わるなかで，いくつかの根深い問題があることに気づいた．認知症になると，住み慣れた地域や家族から自分の意思とは関係なく引き離される現実があり，入所・入院先ではBPSD（行動・心理症状）のコントロールのために向精神薬を飲まされ，身体的自由が制限されることも少なくない．認知症者本人だけでなくその家族もさまざまな困難を抱えており，あきらめなければならない多くのことと，そのつらい思いを訴えている．困っているのは現場のスタッフも同様である．こうした状況を少しでも改善したいと考えたのが，この研究のひとつの動機である．

　認知症治療に長年取り組んできた京都府立洛南病院の森俊夫医師は，ある講演で，認知症者について「大変な人がいるのではなく，大変な時期がある」と表現している．近年，韓国でも「認知症」をめぐるさまざまな議論と研究がなされているが，それらのなかで「認知症者」は，社会福祉の対象として，一連のBPSDで描写されるに留まっている．政策的アプローチにおいても，「認知症者」ではなく「認知症」を重要な課題としているように思える．高齢社会の主要な問題として「認知症」がイシュー化されているなかで，「認知症者」の姿や意見は他者によって代替され，あるいは再解釈されていることが多い．

　認知症に関してはさまざまな政策や活動が存在し，個々の認知症者の暮らしは，それらによって直接的・間接的に規定されている．その一方で，認知症者の「生きづらさ」はまだ深刻な水準にある．どうしたらこの状況をよくしていけるのか．まず明らかにしたいと思ったのは，政策やそれに関連する活動の有効性，もしくは不備である．そこでこの研究では，現行の認知症総合計画を読み解き，国レベルの取り組みがどのような理念と方向性のもとで行われているかを確認して，認知症者の実態との整合性を検討することに注力した．政策のどこが，あるいは何が問題であるかを認知症高齢者の視点から明らかにすることが，改善策の検討に先立って必要だと考えたからである．

　さて，評価に関する良書が少なからずあるなかで，読者に伝えたいと期待しているのは，おおまかにいって以下の3つのことがらである．

　1つめは，評価はいつでもできること．つまり，対象となるプログラムがまだ終わっていない段階，あるいは，プログラムが存在しない段階でも，評価を行うのは可能だということである．新たなプログラムを開発するとき，ニーズ評価によってその有効性を高めることもできる．実施中のプログラムである3

次計画を研究対象にしていると筆者が説明したとき，最も多く受けた質問が「まだ終わってないのに，どうやって評価するの？」であった．本書をお読みいただければ，どの段階で何をどのように評価できるか，ご理解いただけるはずである．

2つめは，ニーズを視野に入れつつ評価ができること．評価にニーズが関わってくるのは意外に思われるかもしれない．少し踏み込んで説明すると，従来の政策評価は「実施上の失敗」に関するものが多く，政策を所与のものとしてしか扱えないという限界がある．これに対して，セオリー評価は「理論上の失敗」に重点をおき，政策のそもそもの不完全さをニーズとの関連から見つけていく．この，ニーズを視野に入れた評価であることが，福祉などの対人サービス，人を対象とするプログラムにセオリー評価を用いる，大きな利点のひとつである．

3つめは，セオリー評価を実施する際のヒントである．体系的な評価理論についてはすぐれた先行書をご覧いただくとして，本書では，実在する政策のセオリー評価をとにもかくにも敢行している．これは，「評価学は理論の新しさ，正しさを競って論争する学問ではなく，いかに実践で役立つかが重要です」という，ある先生の言葉に勇気づけられた成果でもある．つまり，評価は実際に行い，有益な情報が得られてこそ意味がある．本書がその具体的な一例として，読者が評価の実践に踏み出す，ひとつのきっかけになれば幸いである．

すでにふれたように，本書は，筆者が同志社大学大学院社会学研究科に提出した博士学位論文『韓国「第3次痴呆管理総合計画」のセオリー評価——認知症高齢者の暮らしの改善に向けて』に加筆修正したものである．

第1章では，セオリー評価の理論枠組みの特徴，評価を行う際の手順を解説し，実践的理解を図るとともに，具体的なプロセスのイメージをつかめるようにしている．

第2章では，評価対象である3次計画の内容をロジックモデルで可視化し，政府による評価指標を補える評価設計を提示している．

第3章から第5章は実践編である．

第3章では，3次計画のインパクト理論，すなわち，想定されている「アウトカム」と「活動」の対応状況をニーズ調査にもとづいて検討している．

第4章では，3次計画のプロセス理論，すなわち，「投入」「活動」「アウトプット」の各領域でどういう問題があるのかを，17の自治体が提出した推進成

果評価報告書の内容分析によって明らかにしている.

第5章では，3次計画のうち，在宅ケアサポートに関する内容に絞って詳しく検討している．認知症高齢者は自宅での暮らしに強い願望をもっており，在宅で暮らせるような政策改善が必要であると判断したからである．そこで，認知症高齢者ケアにかかわっている従事者を対象に質問紙調査を実施し，① 従事者が捉えている「認知症高齢者のニーズ」の特徴，② ニーズとの関連からみた在宅ケアサポートの「アウトカム」の課題，③ ニーズとの関連からみた在宅ケアサポートの「活動」の課題，④ 3次計画で想定されているアウトカムと活動との関連からみた「活動」の適切さ，⑤ サービス利用状況からみたアウトプットまでの課題，⑥ ニーズとの関連から探索した優先すべき改善策（活動）を導き出している.

目　次

はじめに

【序　章】
なぜ認知症総合計画を評価するのか ……………………… 1
＋ 1．実在している認知症「当事者」　（1）
＋ 2．研究の全体像　（11）

【第1章】
セオリー評価は政策の改善にどう役立つか ……………… 17
＋ 1．評価とは何か　（17）
＋ 2．セオリー評価の実践的理解　（23）
＋ 3．セオリー評価に関する韓国の先行研究　（31）
＋ 4．実施中のプログラムに対するセオリー評価の方法論的探究　（36）

【第2章】
3次計画のプログラム理論と評価設計 …………………… 43
＋ 1．3次計画の概要　（43）
＋ 2．ロジックモデルを描く　（49）
＋ 3．3次計画のプログラム理論　（66）
＋ 4．従来の限界を克服する評価設計　（67）

【第3章】
ニーズ調査による3次計画インパクト理論の評価 ………… 74
＋ 1．認知症者本人のニーズを知る意味　（74）
＋ 2．ニーズ調査と分析の手法　（75）
＋ 3．ニーズを読み解く　（78）

vi

　＋４．ニーズが浮き彫りにした課題　（88）

　＋５．アウトカムと活動をニーズから見直す意義　（91）

【第４章】

推進成果評価報告書の内容分析による３次計画プロセス理論の評価 ……………… 93

　＋１．１年目の現状報告　（93）

　＋２．17自治体の見解を読み解く　（95）

　＋３．浮かび上がった問題点　（104）

【第５章】

在宅ケアサポートに関するプログラム理論の評価 ………… 107

　＋１．ニーズでアレンジする評価設計　（107）

　＋２．調査の計画と実施　（111）

　＋３．回答を分析する　（118）

　＋４．課題を抽出する　（132）

【終　章】

認知症高齢者の暮らしの改善に向けて ……………… 140

　＋１．ここまでの研究を振り返る　（141）

　＋２．３次計画の見直しに向けての提言　（151）

　＋３．認知症者本人を重視した研究の成果と残された課題　（157）

あ と が き　（163）

補 足 資 料　（167）

参 考 文 献　（181）

索　　引　（191）

図表・資料一覧

表序-1　韓国における認知症政策研究の動向　　(3)

表1-1　日本の社会福祉における評価の種類　　(19)

表1-2　政策評価に関する日本の先行研究　　(20)

表1-3　プログラム評価に関する日本の先行研究　　(21)

表1-4　業績測定とプログラム評価の守備範囲　　(23)

表1-5　セオリー評価のプロセス　　(29)

表1-6　セオリー評価の手順の違い　　(30)

表1-7　セオリー評価の目的によって異なるアプローチ　　(31)

表1-8　韓国におけるセオリー評価の研究概要Ⅰ　　(33)

表1-9　韓国におけるセオリー評価の研究概要Ⅱ　　(34)

表1-10　プロセス理論とインパクト理論における評価項目　　(38)

表2-1　3次計画の予算案　　(46)

表2-2　3次計画の構成　　(47)

表2-3　目標Ⅰの概要と実施予定　　(51)

表2-4　目標Ⅱの概要と実施予定　　(52)

表2-5　目標Ⅲの概要と実施予定　　(53)

表2-6　目標Ⅳの概要と実施予定　　(53)

表2-7　機能ごとの担当機関　　(66)

表2-8　国による3次計画の評価指標　　(68)

表2-9　研究課題と範囲　　(69)

表2-10　RQ1の評価方法　　(71)

表2-11　RQ2の評価方法　　(72)

表2-12　RQ3の評価方法　　(72)

表3-1　インタビュー対象者　　(76)

表3-2　ニーズ分析マトリックス　　(79)

表3-3　ニーズ分析マトリックスⅡ（在宅関連）　　(84)

表3-4　ニーズ分析マトリックスⅡ（施設関連）　　(85)

表3-5　在宅の認知症者のニーズ調査結果と3次計画の対応状況　　(86)

表3-6　施設の認知症者のニーズ調査結果と3次計画の対応状況　　(87)

表3-7　ニーズ調査結果のまとめ　　(89)

表4-1　2016年推進成果評価報告書の内容分析のマトリックス（例）　　(94)

表4-2　2016年推進成果評価報告書の内容分析結果　　(96)

表4-3　2016年推進成果評価報告書の内容分析の主な結果（目標Ⅰ）　　(98)

表4-4　2016年推進成果評価報告書の内容分析の主な結果（目標Ⅱ）　　(99)

表4-5　2016年推進成果評価報告書の内容分析の主な結果（目標Ⅲ）　　(100)

viii

表 4 - 6 　2016年推進成果評価報告書の内容分析の主な結果（目標Ⅳ）　　（101）
表 5 - 1 　認知症高齢者のニーズに関する質問項目　　（113）
表 5 - 2 　 3 次計画で実施される活動とそれによって期待される
　　　　　アウトカムに関する質問項目　　（115）
表 5 - 3 　サービス実施状況に関する質問項目　　（115）
表 5 - 4 　改善策の必要度に関する質問項目　　（116）
表 5 - 5 　回答者の基本属性　　（118）
表 5 - 6 　認知症高齢者のニーズに関する回答結果の平均値と標準偏差　　（119）
表 5 - 7 　認知症高齢者のニーズに関する探索的因子分析の結果
　　　　　（最尤法・プロマックス回転）　　（120）
表 5 - 8 　アウトカムに関する項目の平均値と標準偏差　　（121）
表 5 - 9 　ニーズとアウトカムとの相関分析の結果　　（122）
表 5 -10　活動に関する項目の平均値と標準偏差　　（123）
表 5 -11　ニーズと活動との相関分析の結果　　（124）
表 5 -12　ニーズと 3 次計画の活動との関連性　　（125）
表 5 -13　「活動群」を説明変数，「アウトカム」を被説明変数とする
　　　　　重回帰分析の結果　　（126）
表 5 -14　家族休暇制度の利用状況　　（128）
表 5 -15　徘徊認識票および徘徊感知器の利用状況　　（129）
表 5 -16　失踪予防協力体系　　（129）
表 5 -17　改善策の優先度　　（130）
表 5 -18　認知症高齢者のニーズと改善策の相関分析の結果　　（131）
表 5 -19　 3 次計画で想定されているアウトカムと活動との関連性　　（136）
表 5 -20　認知症高齢者のニーズと有意な関連性を示す改善策　　（138）
表終- 1 　研究課題と研究対象　　（144）
表終- 2 　認知症高齢者のニーズの状況と総合評価結果　　（148）
表終- 3 　生活機能の各レベルの特徴　　（156）

図序- 1 　認知症サービス計画のための 7 段階モデル　　（7）
図序- 2 　プログラム理論（プロセス理論・インパクト理論）とロジックモデル　　（9）
図序- 3 　本研究の全体構成　　（13）
図 1 - 1 　プログラム理論の構造　　（25）
図 1 - 2 　プログラム評価の 5 段階におけるセオリー評価とロジックモデルの関係　　（31）
図 1 - 3 　 1 〜 3 段階のセオリー評価とそのプロセス　　（32）
図 1 - 4 　開発されたプログラムのセオリー評価の手順　　（37）
図 1 - 5 　ロジックモデルと評価項目　　（38）
図 1 - 6 　実施中のプログラムを対象とするセオリー評価の調査枠組み　　（39）

図表・資料一覧　　ix

図1-7　認知症者のニーズを把握するための複数の視点　　(40)

図1-8　時間軸でみるプログラムとセオリー評価　　(42)

図2-1　認知症政策に関連する各機関の関係　　(45)

図2-2　目標Ⅰ「地域社会中心の痴呆予防および管理」のロジックモデル　　(54)

図2-3　目標Ⅱ「平安で安全な痴呆患者診断・治療・ケアサービス提供」
　　　　のロジックモデル　　(58)

図2-4　目標Ⅲ「痴呆患者家族の扶養負担軽減」のロジックモデル　　(62)

図2-5　目標Ⅳ「研究・統計および技術を通じたインフラ拡充」
　　　　のロジックモデル　　(64)

図2-6　本研究におけるセオリー評価の手順　　(68)

図2-7　３次計画の構成と「在宅ケアサポート」の範囲　　(70)

図2-8　３次計画の「在宅ケアサポート」に関する内容　　(71)

図3-1　研究の手順　　(76)

図5-1　ロジックモデル上の評価範囲　　(109)

図終-1　総合計画を考えるうえで重視すべき要素　　(152)

資料1　認知症者用インタビューガイド　　(167)

資料2　家族用インタビューガイド　　(168)

資料3　従事者・政策立案者用インタビューガイド　　(169)

資料4　質問紙　　(170)

序　章　なぜ認知症総合計画を評価するのか

╋ 1．実在している認知症「当事者」

（1）あまり論じられない認知症政策

　韓国は人口の高齢化が急速に進んでおり，2000年に高齢化社会，2017年 8 月には高齢化率14％を超え高齢社会となった［行政安全部 2017］．平均寿命は82.1歳で，1970年の62.3歳から45年間で約20年伸びている．また，健康寿命（73.2歳）と平均寿命には8.9年の差がある［統計庁 2016］．高齢者の約10％，70万3835人が認知症と判定されており，年齢別の有病率は65〜69歳 7.0％，70〜74歳 6.9％，75〜79歳 20.7％，80〜84歳 26.0％，85歳以上 39.4％である［中央痴呆センター 2016］．

　このような状況にある韓国で，認知症高齢者への公的な取り組みが始まったのは1990年代半ばのことである［クォンジュンドン 2012：35］．まず，「痴呆老人10か年対策（1995〜2005）」が発表され，「痴呆予防および早期発見事業，痴呆専門療養施設拡充事業，痴呆専門医療機関建立事業，家庭看護および看病サービス事業」を実施することになった．次いで，2008年 7 月に老人長期療養保険制度が開始され，同年 9 月，「第 1 次痴呆総合管理対策（2008〜2012）」の発表にあたって，政府は「痴呆との戦争」を宣言した．その後，2011年には認知症をめぐる課題に対応するための痴呆管理法が制定され，「国家痴呆管理委員会の審議を経て 5 年ごとに痴呆管理総合計画を策定する」ことになった［クォンジュンドン 2016］．この法律にもとづいて，2012年に「第 2 次痴呆総合管理対策（2012〜2015）」，2015年12月に 3 次計画，正式には「第 3 次痴呆管理総合計画（2016〜2020）」が発表され現在に至っている．

　国によるこれらの取り組みを，先行研究はどのように論じているのだろうか．

認知症に関する社会福祉研究の20年間の動向を分析したチェヒギョン［2016］
は，93件の国内研究の過半数が家族介護の問題に集中し，その内容も臨床実践
とサービス提供に関するものが大半を占めていて，メゾ・マクロ的な政策研究
は不足していると指摘している．数少ない認知症政策研究であるが，ここで，
その研究対象，研究方法および分析ツールを中心に概観しておきたい．これら
の点に注目するのは，作り出せる情報の有効性はどのような枠組みを用いるか
によって違ってくるのではないかと考えており，改善案の提示に至る研究方法
に重点をおいて，その課題を明らかにするためである．

　対象とする先行研究は，韓国教育学術情報院（KERIS）のサイトにおいて
「痴呆　政策」で検索しヒットした2008年以降の論文とした．老人長期療養保
険制度が導入され，１次計画が発表された2008年に，認知症者を含む高齢者政
策が大きく転換したからである．検索結果は，修士論文30件，博士論文２件，
学術誌掲載論文26件の計58件であった．このうち，2007年以前の論文（39件）
と重複（１件），認知症政策と直接的関係のない論文（２件）を除く16件を分析
対象とした．これらを，Gilvert and Specht［1974：9-12］が提示した「政策分
析における3P」[3]，すなわち，政策形成過程研究（Process），政策内容研究（Prod-
uct），政策評価研究（Performance）に分類し，研究対象，研究方法および分析
ツールを基準に整理したのが表序-１である．

（２）政策「内容」研究への偏り

　先行研究をGilvert and Specht［1974：9-12］が提示した政策形成過程研究，
政策内容研究，政策評価研究に分類した結果，政策形成過程研究１件と政策評
価研究１件を除いて，他はすべて政策内容研究であった．つまり，政策内容研
究への著しい偏りがみられる．

　これでは，政策や制度を所与のものとして論じる制度論的アプローチに留ま
ってしまい，「どのようなサービスをどのような仕組みで提供すれば効果的で
あるかを明らかにしてくれるが，充足すべきであると合意されたもの，ないし
権利性が明確になっているものだけを取り上げて，そうしたものに置き換えら
れない不定形なものは無視されがちである」［坂田 2014：316］．言い換えると，
制度のしくみだけに目を向けることによって，制度が見逃している部分まで視
野に入れて論じることが難しくなり，改善策の導出に限界が生じる可能性があ
る．

表序 - 1 韓国における認知症政策研究の動向

政策形成過程研究（Process）

著者：発表年	論文タイトル	研究対象	研究方法および分析ツール
① 정우철（チョンウチョル）・우창빈（ウチャンビン）：2015	多元的政策流路モデル（The Multiple-Streams Frame-work）の修正モデルを活用した政策過程分析：痴呆特別等級制度の政策変動過程に関する分析	長期療養保険制度の痴呆特別等級	修正した Howlett モデルを適用し政策変動過程を分析

政策内容研究（Product）

著者：発表年	論文タイトル	研究対象	研究方法および分析ツール
② 양정훈（ヤンジョンフン）：2008	痴呆老人福祉政策の発展方向に関する研究	認知症関連法・制度，関連施設，関連福祉予算，施設人員	文献研究
③ 정원근（チョンウォングン）：2008	中産層家庭の痴呆老人福祉支援政策研究	中間層の扶養実態と社会的支援サービス	文献研究，扶養家族を対象とする質問紙調査
④ 정아름（チョンアルム）：2008	我が国の痴呆政策の実態と改善方法に関する研究	認知症政策（在宅福祉，施設福祉，保健・医療サービス）	文献検討，Gilbert and Terrell [2002] の分析ツール
⑤ 이원근（イウォングン）：2009	超高齢社会での痴呆老人福祉政策の課題	長期療養保険制度，第１次痴呆総合管理対策（2008～2012）	文献検討
⑥ 김덕주（キムドクチュ）・김미경（キムミギョン）：2011	老人長期療養保険制度の痴呆政策に関する考察	長期療養保険制度と，その介護認定における等級判定要因	文献検討
⑦ 박기영（パクキヨン）：2011	痴呆老人福祉政策の改善方法に関する研究：老人長期療養保険制度を中心に	長期療養保険制度	文献検討，Gilbert and Specht [1974] の分析ツール
⑧ 박소원（パクソウォン）・김환（キムファン）・권혁철（クォンヒョッチョル）：2012	国家別痴呆老人関連政策の比較：長期療養保険制度を中心に	オランダ，ドイツ，日本，韓国の長期療養保険制度	文献検討
⑨ 선우덕（ソンウドク）：2013	ドイツの長期療養保険制度からみる痴呆ケア政策と示唆	ドイツの長期療養保険制度	文献検討

⑩ 이은아 (イ ウ ナ)：2014	中高年女性の慢性疾患管理：痴呆管理政府政策および痴呆特別等級の医師所見書作成	長期療養保険制度の痴呆特別等級	文献検討
⑪ 최명기 (チェミョンギ)：2014	高齢化社会における痴呆発病老人の福祉政策に関する研究	認知症者に関連する福祉サービス全般	文献検討，Gilbert and Terrell [1998] の分析ツール
⑫ 장한나 (チャンハンナ)：2015	老人福祉政策代案開発のための統合方法論研究：痴呆老人在宅ケア支援政策を中心に	痴呆老人扶養家族，潜在扶養家族，痴呆関連分野専攻の大学教授および研究員と，痴呆サービス供給機関の担当者	• 扶養者を対象とする深層面談 • 潜在扶養家族を対象とする質問紙調査 • 専門家と供給者を対象とする階層的意思決定分析（AHP）
⑬ 김동화 (キムドンファ)・엄기욱 (オムギウク)：2015	痴呆特別等級制度施行以降の，痴呆老人家族のケア経験に関する研究：ケアの困難さと必要な社会サービスを中心に	長期療養保険制度の痴呆特別等級と家族のケア経験	家族を対象とするフォーカスグループインタビュー（FGI）
⑭ 장한나 (チャンハンナ)：2016	痴呆管理政策の戦略的優先順位分析	専門家とサービス機関の担当者	専門家とサービス機関の担当者を対象とする階層的意思決定分析（AHP）
⑮ 이진아 (イジナ)：2016	日本の痴呆政策を通してみた我が国痴呆政策の発展方法の探索	日本の認知症施策推進総合戦略（新オレンジプラン），韓国の第3次痴呆管理総合計画(2016〜2020)	文献検討
政策評価研究（Performance）			
著者：発表年	論文タイトル	研究対象	研究方法および分析ツール
⑯ 유애정 (ユエジョン)：2015	長期療養5等級（痴呆特別等級）モデル事業の評価結果分析を通した政策的含意	長期療養保険制度の痴呆特別等級	文献検討

　また，政策内容研究の研究対象は，老人長期療養保険制度とそこから派生する問題がほとんどである．しかし，数ある公的ケアシステムのひとつである長期療養保険制度に研究対象を限定してしまうと，認知症政策を論じるうえではいくつかの限界に直面する．長期療養保険制度は「療養を基本とする諸サービ

ス」を適切に提供するための制度であり，認知症に関する他のさまざまな問題に対応するものではない．認知症政策の改善のためには，認知症者の暮らしの保障など，社会の一員としての諸権利まで視野に入れた政策分析が求められる．

（３）先行研究の到達点と方法論的限界

先行研究では，文献研究を基礎に，Gilbert and Specht［1974］などの分析ツール（対象体系，給付体系，伝達体系，財源体系）が用いられている［チョンアルム 2008；パクキヨン 2011；チェミョンギ 2014］．しかし，これは当事者の状況や意見を反映できる分析枠組みではなく，研究目的に沿った独自の分析枠組みを設けていないため，政策の断片的・概略的な分析に留まっている．改善案も似通ったものが多く，実態との関連でなぜそれが言えるのかという説得力には欠けるものであった．

研究方法としては階層分析法（AHP）［チャンハンナ 2015：2016］が使われており，サービス供給者，専門家の意見をもとに政策の優先順位が決められている．一方，クライアントの意見を反映する試みとして，家族を対象とする個人インタビュー，フォーカスグループインタビュー（FGI）を行う場合でも，認知症者本人を中心に据えた議論は行われていない［キムドンファ・オムギユク 2015］．

海外の事例への言及は日本，ドイツが多く，他にオランダなども取り上げられていることから，社会保険方式による公的ケアを実施している国が選ばれたと思われる．しかし，外国の例をそのまま紹介するに留まっており，なぜそれが参考になり，政策に反映されなければならないのかについては説明されていない．

一方，認知症政策策定の根拠資料として，研究対象者および方法の多角化を試みている研究もある．たとえばチャンハンナ［2015］は，既存の研究が扶養家族あるいはサービス供給者などひとつだけの観点から認知症問題をとらえ，解決案を模索してきた限界を指摘し，扶養家族を対象に彼らが抱えている問題を調査するとともに，潜在扶養家族，専門家およびサービス提供者の多様な意見から認知症問題を分析し，改善案を提示している．具体的には，第１段階で，扶養家族を対象とするインタビューから彼らがどのような困難を抱えているか，またニーズは何かを把握し，第２段階で，それらの困難やニーズがあると予想される潜在扶養家族を対象に質問紙調査を実施して，第３段階では，これらの調査分析から明らかになった課題の解決のために専門家および供給者を対象と

する階層的意思決定分析を行い，優先順位をつけて政策を提示している．理論的検討と2つの実証研究から改善案を導き出し，優先順位をつけて政策の方向を提示したことが，この研究の意義といえる．しかし，在宅ケアの困難さを導き出すための研究対象となる政策が不明確であり，また認知症者の状況との関連のもとで分析されていないのがこの研究の限界といえる．

（4）認知症政策の改善のためによくなされている提言

　先行研究の提言をおおまかに分類すると，「家族を含む介護者支援」に関するものが最も多く，以下「予防・早期発見・治療」「予算・インフラ等の拡充」「認識改善」「在宅サービスの拡充」「医療・福祉の連携」の順となった．これ以外に，「高齢者に親和的な地域づくり」「相談機能の拡大」「自己負担の軽減」「若年性痴呆への対応」などの提言もあった．しかし先行研究の多くは，認知症者の状況と政策との整合性を検討する場合を含め，これらの提言に至るプロセスで意見を聞くのは家族からであり，結果として，扶養負担の軽減が主な課題となっている．これは，認知症者との意思疎通は難しい，認知症者は意思の表明ができないという認識によるのかもしれない．しかし，認知症政策の核心的対象は認知症者であり，認知症者をめぐる実態とニーズなどの把握をまず行う必要があると考えられる．

（5）3次計画を俎上に

　認知症は，「獲得されていた知能が何らかの器質的障害によって持続的に低下し，日常生活や社会生活等に支障をきたした状態」と定義されている［畑野・筒井 2006：47-61］．認知症者の困難を軽減するためには，日常生活のサポートに加えて，社会の一員として尊厳を保持し，まわりの人々に理解され，孤立せずに生きていけるような社会的環境の整備を視野に入れることが重要である．大川［2009：8］は，「『生きる』上での問題・困難をもつ個々の人をどうとらえ，どう働きかけるかについての，基本的な考え方・とらえ方の枠組みを与えてくれるもの」として，ICF の生活機能モデルを取り上げている．そこでは環境因子を，① 物的な環境，② 人的な環境，③ 社会的な環境の3つに分類しており，社会的な環境には政策も含まれる．

　国レベルの認知症政策の，理念や問題意識，目指す社会像，どのような取り組みで問題を解決しようとしているかなどをまとめて読み取れるのが，認知症

診断前	診断	診断後の支援	調整と介護の管理	コミュニティーサービス	継続的介護	終末期緩和ケア
疾患，症状，および認知症かもしれないと心配している人が支援を受けるためにどこに行けばよいか，に関する国民の意識向上	診断を受ける	認知症の人と家族介護者が，疾患を受け入れ，将来の計画を立て，現在の状況を最大限に活用する（すなわち，まだできることは続け，低下していく能力には意識を集中しない）ことができるよう，情報と支援を提供する	認知症の人のニーズを評価（および定期的に再評価）し，認知症の人と介護者と共同で介護を調整する	この段階では，徐々に短い間隔で介護が必要とされるようになる．また，行動・心理症状がより多くみられるようになり，身辺自立能力が低下してくる．認知症の人の自宅またはコミュニティ内の施設で介護が提供される	継続的な介護が必要とされ，予測不可能な症状または行動・心理状による要求度が一層高まる．この段階は，理由によらず認知症の人が病院でのケアを必要とする時期でもある	これは，認知症の人が人生の最後を迎えつつある時期における継続的介護の特別な形態である

図序 - 1　認知症サービス計画のための7段階モデル

出所：World Health Organization and Alzheimer's Disease International [2012＝2015：64].

総合計画である．また，認知症政策の柱でもある総合計画の内容や方向性はきわめて重要である．しかし，認知症総合計画は発表時に注目されるぐらいで，計画の内容に踏み込んだ研究はあまり行われていない．老人長期療養保険制度に注目した既存の研究だけでは，社会の一員としての暮らしの確保まで論じるには限界がある．

　認知症問題を解決していくためには，従来とは違うアプローチが必要なのである．たとえば，認知症サービスの計画のためにWHOが提示した基準（図序-1）は，診断前から終末期緩和ケアまで，コミュニティーサービスを含む7段階で構成されている［World Health Organization and Alzheimer's Disease International 2012＝2015：64］．つまり，認知症政策は公的ケアの提供だけに留まるのではなく，より包括的に考える必要がある．

　3次計画の策定に向けては，保健福祉部（日本の厚生労働省に相当）からの委託による中央痴呆センター（図2-1参照）の2次計画評価があった．しかし，それは業績測定の結果のみにもとづくものであり，「『カスタマイズ治療および保護強化』は行動化段階の事業が多かったが，算出不可能な指標が3分の2以上で，成果管理の必要性が切実」［保健福祉部 2015b：201］などの指摘もあった．これでは，総合計画としてどこにどのような問題があるのかは把握できない．

　このような状況で2015年12月に発表された3次計画に対しては，妥当性を疑問視する批判と憂慮の声が少なからずあった．3次計画の発表文が掲げている

評価指標も，実績評価のために作られたものである．評価は改善の役に立ってこそ意味をもつが，現在の評価指標のままでは，現行計画の改善や次の計画立案に役立つ有益な情報が得られないことになる．

福祉分野における政策研究は，政策の対象となる当事者を視野に入れ，その実情に踏み込んだ検討のうえで改善策を提示しなければならない．それを可能にするためには，まず，研究対象となる政策をどう扱うかが1つのポイントとなる．政策の目標・ゴールの整合性をニーズとの関連から問うと同時に，そのゴールに到達できる政策設計になっているか，できないなら，どの部分のどういうことが原因かを究明することが求められる．

また，政策には社会的な状況に合わせた新設や改善が必要である．何を根拠に，どういうプロセスで行うかが重要であり，政策の問題点や改善要素を導き出すには，専門家として現場を知る従事者の意見も大いに活用すべきであると考える．

現在は認知症政策への関心と問題意識が高まる一方で，その評価を行っている研究はほとんどないとの指摘［チェヒギョン 2016］がある．認知症高齢者のおかれた状況と政策との整合性を検討する研究は特に不足している．この整合性を検討したうえで，改善に向けた具体的な情報を導き出さねばならない．認知症者の暮らしの保障など，社会の一員としての諸権利まで視野に入れた政策改善案を提示するためには，認知症総合計画を研究対象とし，その有効性と問題点を検討する必要がある．

まずは，3次計画が認知症当事者の状況改善にどれだけ寄与できる計画であるか，どの部分に欠陥があるかを検討する必要がある．

（6）セオリー評価が可能にすること

政策は社会的状況に応じて新設，変更，もしくは廃止されるが，どういうプロセスで，何をその意思決定の根拠（情報源）とすればよいのだろうか．政策改善に必要な情報をどのように収集し，どのように分析していくか，本書では，Rossi, Lipsey and Freeman［2004］が提示した，セオリー評価のための理論枠組みを用いる．その理由は以下の3点である．

1つめは，プログラム理論を分析の土台とすることによって，既存の研究では見落とされていた部分を補えるからである．

すべての政策には，それが達成すべき目的と，そのための具体的な計画・内

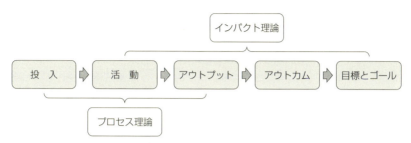

図序-2 プログラム理論(プロセス理論・インパクト理論)とロジックモデル
出所:Rossi, Lipsey and Freeman [2004] を参考に筆者作成.

容が含まれている．そしてそれは，一定の資源を投入し，活動をすれば，予想していた結果が出て，それが成果につながり，目的を実現できるという仮定にもとづいて策定されている．すべての政策は，こうした固有の仮定，すなわち理論（セオリー）で成り立っているともいえる［龍・佐々木 2010］．この，仮定にもとづいているプログラムのデザインをプログラム理論といい，プログラム理論を評価するのがセオリー評価である．プログラム理論は主にロジックモデルで表現され［龍・佐々木 2010, 源 2013, 佐藤 2010など］，それをツールとしてセオリー評価を行う．

ロジックモデルは，プログラムの一連の流れを「投入」「活動」「結果」「成果」などに分解し，どのような道筋で目的を実現するかを図式化したものである．通常は，行と列に配列されたボックスと，それらをつなぐ一方向の矢印によって描かれる．ボックスはプログラムの構成要素，矢印は仮定である．プログラム理論をロジックモデルで表現することによって，プログラムがどのような道筋でゴールに到達しようとしているか，その全体構造を一目で把握できるようになる．

Rossi, Lipsey and Freeman［2004］が提示したプログラム理論をロジックモデルに当てはめ，図式化すると，図序-2のようになる．ロッシらは，プログラム理論を投入からアウトプットまでのプロセス理論と活動からゴールまでのインパクト理論に分け，それらをともに検討するのがセオリー評価であると説明している．このように，投入からゴールまでを常に意識するのがセオリー評価の前提であり特徴でもある．これに対して，先行研究でよく用いられているGilbert and Specht［1974］の分析ツール（対象体系，給付体系，伝達体系，財源体系）によるアプローチは，誰に，どの財源で，どのようなサービスを，どのよ

うに提供するかを主に明らかにする［朴 2013：10］．つまり，これによって得られる情報はプロセス理論に限定されている．従来の研究においては，サービス，施策，実施している活動に注目する一方，これらがアウトカムを生み出せるのか，アウトカムの設定に問題はないのか，アウトカムが達成されれば当事者の状況がよくなるのかというアプローチはあまり行われていなかった．要するに，プログラム理論への注目が足りなかったといえる．これでは，政策の目的とその目的を達成する手段である活動の妥当性を俯瞰できず，追求している方向性がそもそもニーズを反映しているのかも検討できない．また，制度を所与のものとして扱う検討になり，そこから抜け落ちているニーズは反映しにくいという限界が生じる．

セオリー評価を用いる2つめの理由は，それが当事者のニーズとプログラム理論の整合性を重視することである．

坂田［2014：55］は，三浦［1987］の「社会福祉サービスが，社会福祉ニードに即していないとすると，そのサービスは効果的，効率性を失うだけでなく，そのレーゾン・デートルそのものも疑われるだろう」という指摘を紹介し，「それなくしては社会福祉が存立できないほどに重要なものとしてとらえられている」と述べている．しかしながら，「一方で資源分配の過程に，他方でヒューマン・サービスの発展にとらわれてしまっている」［Dean 2010＝2012：3-4］との指摘があるように，認知症政策の研究においてはニーズと政策との関連（整合性）が実証的に明らかにされておらず，そのため，認知症高齢者がおかれている状況をふまえた改善策の提示がなされているとは言い難いのが現状である．

Rossi, Lipsey and Freeman［2004＝2005：144-146］は，社会的ニーズとの関係から検討し，それらのニーズがプログラム理論に反映されているかという視点を提示している．具体的には，「プログラムが社会状況にもたらすと期待される効果が，そうした状況を改善するために必要なことと一致しているか」を検討する際，「サービス対象者である標的集団のニーズと関連させて行うことは必須」であると強調し，「プログラム理論と，現在わかっている（または仮定されている）それに関連した社会的ニーズとを比較する」方法を提示している．これは，福祉政策におけるニーズの重要性を改めて喚起する指摘でもある．また，認知症高齢者のニーズを把握し，プログラムの妥当性を当事者の観点から検討するうえでも重要である．

3つめの理由は，方向性や問題設定を含む，政策の組み立てに関心を寄せるべきではないかと考えるからである．

源［2013：20］は，日本では「測定や検証を科学的な厳密さをもって判断する道具的な『問題の解決』の妥当性が中心課題となり，解決すべき問題がそれで良いのかといった『問題の設定』や『問題の組み立て方』の議論があまり対象とならない」，つまり，ニーズ評価，セオリー評価の機能が弱いままアウトカム評価やインパクト評価中心になっていると指摘している．事後的性格をもつアウトカム評価やインパクト評価も必要ではあるだろうが，ニーズと照らし合わせて政策の欠陥や不備を探索する評価研究が求められているといえる．

╶╂╴ 2．研究の全体像

（1） 4つの研究課題

総合計画に関する従来の議論の中心は，「早期診断と予防」「病院での適切な治療」「家族の扶養負担軽減」「研究および技術開発」であった．認知症者の暮らしの視点からのニーズとの関連性の検討は不十分であり，とりわけ公的ケアシステムに関しては老人長期療養保険制度に重点がおかれてきた．しかし，人が認知症を抱えながら生きることへの国家的介入として支援を考えるためには，制度と生活上のニーズを一緒に検討する必要がある．特に総合計画においては，公的ケアシステムがあるにもかかわらず認知症によって生きにくくなる，その実態に迫る必要がある．

本書は韓国の認知症総合計画である3次計画を対象とし，セオリー評価の理論枠組みを用いて検討することにより，3次計画の見直しに向けた改善案を提示することを目的とする．

この目的のため，本書は以下の4つの研究課題（リサーチクエスチョン：RQ）を設定する．これらは，Rossi, Lipsey and Freeman［2004］がセオリー評価のために提示した2つの視点，① 社会的ニーズがプログラム理論に反映されているか，② 目指すゴールまでの構成が論理性と説得力[5]をもっているか，を参考にしている（第1章参照）．

（理論的検討）
研究課題．当事者の視点を重視してセオリー評価を行う手順と評価基準を

どのように設計するか.

（3次計画の検討）

研究課題1. 認知症高齢者のおかれた状況（ニーズ）に，3次計画のインパクト理論（アウトカム，活動）が対応しているか.

研究課題2. 3次計画のプロセス理論における欠陥および課題は何か.

研究課題3. 3次計画のうち「在宅ケアサポート」に関するプログラム理論の，ゴールまでの構成は論理性と説得力（plausibility）をもっているか.

　3次計画を認知症者の視点から分析し，改善につながる有効な情報を導き出すことを目的とする本書は，形成的評価（formative evaluation）としてセオリー評価の理論枠組みを採用する．形成的評価とは「研究対象のプログラムを改善することを目指して情報提供をすることを主たる目的としてプログラム実施中に行われる評価の種類」[Weiss 1998＝2014：433]である.

　評価というと，結果にもとづく実績の測定，あるいは，実際に効果があったかの有効性の判定が思い浮かぶかもしれない．また，評価イコール測定と捉え，プログラムの実施後，測定可能な結果にもとづいて行うものと考えがちだが，必ずしもそうではない．これに関して龍・佐々木[2010：22]は，「政策評価は，一段階という位置づけではなく，政策過程の最初から終わりまであらゆる段階で用いられる『道具』となっている」と述べ，中間評価のうち，見直しの必要性に応じて利用される評価としてセオリー評価とコストパフォーマンス評価を紹介している．つまり，実施中のプログラムも評価が可能であり，本書で実施するセオリー評価は形成的評価，ならびに中間評価として位置づけることができる.

（2）本書の構成

　本書では序章，第1〜5章，終章に分けて論考を行うこととする（図序-3）.

　序章では，先行研究の検討を行い，それをふまえて，本研究が取り組むべき課題を提示する.

　第1章では，セオリー評価の理論枠組みのどの特徴によって，従来の福祉政策分析の限界を克服できるのかを明らかにしつつ，セオリー評価を適用する具体的なプロセスと手続きがどうあるべきかを検討する．まず，理論的検討を通

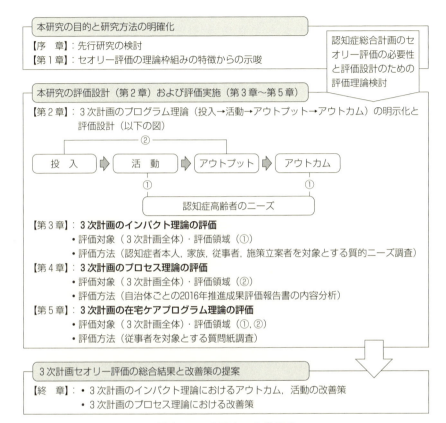

図序 - 3　本研究の全体構成

じてセオリー評価についての理解を深め，分析枠組みの特徴を明らかにする．また，セオリー評価の理論枠組みを用いている先行研究のレビューを行い，近年の研究動向を把握する．これらをふまえ，本研究で適用する理論枠組みを確立する．

第2章では，大きく分けて2つの目的を設定する．

第1の目的は，3次計画のプログラム理論を明示することである．そのため，3次計画の詳細を説明するとともに，そこに内在するプログラム理論を抽出し，ロジックモデルを作成する．本研究が扱う3次計画のように，実施中のプログラムについては，そこに内在する固有の理論を抽出する作業が特に重要である．プログラム理論はセオリー評価の対象であるが，そこで必要になる評価設計と

指標開発の基盤でもあるからである.

　第2の目的は，第1章で行ったセオリー評価の理論的検討にもとづいて，3次計画とともに発表された評価指標の限界をどのように乗り越えられるかを追加的に検討し，本研究の評価設計を確定することである.

　第3章では，前章で作成した評価設計に沿って3次計画のインパクト理論を評価し，その結果を明らかにする. そのため，認知症者本人，家族，従事者，政策立案者を対象とするニーズ調査を実施し，その結果と3次計画のアウトカムおよび活動との整合性を検討して，追加すべき活動を把握する. 従来見落とされてきた認知症者のニーズを本人をはじめとする複数の視点から把握し，それに3次計画のインパクト理論を構成する「アウトカム」と，それを生み出すための「活動」がどれほど対応しているかを検討する. これらは，3次計画が目指すゴール，ゴールに到達するために想定しているアウトカム，アウトカムを生み出すために設定している活動などが，認知症者のニーズを的確に反映しているかを検討するためである. ステークホルダーのニーズを最大限反映したプログラムでなければ，十分な効果は期待できず，ゴールへの到達も難しいからである〔Rossi, Lipsey and Freeman 2004〕.

　第4章では，3次計画のプロセス理論の評価を，自治体ごとの2016年推進成果評価報告書の内容分析によるメタ評価として行う. 具体的には，2016年から実施されている3次計画の最初の1年間の実施状況が記述されている評価報告書から，各自治体が活動を進めるうえでどのような問題を抱えているかを網羅的に把握し，投入からアウトプットにおける課題を検討する.

　第5章では，3次計画のうち「在宅ケアサポート」に関するプログラム理論が認知症高齢者の暮らしの改善にどれだけ寄与するものであるかを検討するため，彼らが抱えているニーズと，3次計画で予定されている活動，その活動によって生じると想定されているアウトカムを検討する（①ニーズとアウトカム，②ニーズと活動との関連性). さらに，③3次計画の在宅ケア関連で想定されているアウトカムに関する活動構成の適切さを検討する. 次に，④活動の実施状況を把握し，それらが適切に実施されアウトプットにつながっているかを確認する. 最後に，⑤3次計画の見直しの一環として，認知症高齢者がおかれている状況を改善するために追加すべき活動を，ニーズとの関連のもとで重要度とともに把握する. そのため，認知症高齢者と日々関わりをもつ従事者を対象に質問紙調査を実施する.

序　章　なぜ認知症総合計画を評価するのか　*15*

　終章では，総括として本研究全体を要約し，3次計画の見直しに向けた改善案を提示するとともに，本研究の限界と今後の課題を述べる．

（3）用語の説明
　プログラム評価に関する主要な用語について簡単に説明しておく．

プログラム理論：プログラムがどのように目的を実現しようとしているか，プログラムの運営と対象者との間に生じる総合作用に想定されている一連の道筋を論理的に概念化したもの．「理論」とはいっても，確固とした原理や思想を意味するのではなく，あるプログラムの目的のために意図され，目的を達成するために想定された仮定の道筋として理解すべきものであり，プログラムのデザインともいえる．日本の評価研究においては，プログラム・セオリー，略してセオリーともよばれている．プログラムの計画段階では，利害関係者とともにプログラム理論を構築し，すでに存在するプログラムのプログラム理論が非明示的である場合は，内在しているプログラム理論を利害関係者とともに抽出し，明示化する必要がある．
ロジックモデル：プログラムの一連の流れを「投入」「活動」「結果」「成果」などに分解し，どのような道筋で目的を実現するかを図式化したもの．通常は，行と列に配列されたボックスと，それらをつなぐ一方向の矢印によって描かれる．ボックスはプログラムの構成要素，矢印は仮定である．
プログラム理論とロジックモデルの関係：プログラム理論は一般にロジックモデルによって可視化される．そこでは，「投入」「活動」「結果」「成果」などのロジックモデルの構成要素と矢印によってプログラムの一連の流れが図示され，プログラム理論の全体像を容易に把握することができる．むろん，プログラム理論のすべてをロジックモデルで図示することは困難であり，その精粗と範囲は使用目的によって異なる．
インパクト理論：プログラムの理論のうち，プログラムの活動（サービスの提供など）によって期待される望ましい変化に至る因果関係．
プロセス理論：プログラム理論のうち，活動に必要な投入から，活動の直接的な結果であるアウトプットまでの具体的な因果関係．
セオリー評価：5段階からなるプログラム評価の2段階目．プログラム理論の妥当性をニーズへの対応と論理の実現可能性の両面から評価する．

メタ評価：一連の評価結果について集約する上位評価．評価の評価という意味でも使われ，評価に使用した方法，資料，結果の解釈の適切性を検討する．

目的，ゴール，目標：プログラムの「目的」を実現するために設定される，具体的な目安が「目標」である．「目的」は一般的な意味でも多用されるため，プログラムが目指す最終的な到達点であることを強調して「ゴール」とも表現している．

注
1） 韓国では認知症を「痴呆（チメ）」という．偏見を招く用語であるとして変更に向けた動きはあるが，本研究においては公的文書や論文などに記載された「痴呆」はそのまま使用し，それ以外は「認知症」を用いることとする．
2） 日本の介護保険に相当する制度．保険者は日本のような市町村ではなく，単一の国民健康保険公団である．保険料を納付する被保険者は，日本が40歳以上であるのに対して，韓国は年齢による規定を設けず，医療保険の加入者が自動的に老人長期療養保険の被保険者となる．受給権者は65歳以上または老人性疾患を有する65歳未満の者であるが，保険によるサービスを受けるためには公団の要介護認定を受ける必要がある．要介護度は1〜5等級に区分され，1等級が最重度である．
3） 「政策分析における3P」という表現は朴［2013：10］による．
4） プロセス理論は「プログラム組織計画」と「サービス利用計画」からなり，「プログラム組織計画」は投入から活動まで，「サービス利用計画」は活動からアウトプットまでに相当すると読み取ることができる．インパクト理論は「プログラム活動に始まってプログラムが目指している社会的状況の改善に終わるような出来事の連鎖」である［Rossi, Lipsey and Freeman 2004＝2005：130-142］．
5） Rossi, Lipsey and Freeman［2004］は「Assessment of Logic and Plausibility」としており，直訳すると「論理性ともっともらしさの評価」になる．邦訳では「論理性と説得力のアセスメント」となっている．ノファジュン［2015］は「プログラム論理の可能性検証」と表現している．

第1章　セオリー評価は政策の改善にどう役立つか

　この研究の目的は，セオリー評価の理論枠組みを適用した実証的なアプローチにより，認知症総合計画の改善に資する情報を得ることである．そこで本章では，セオリー評価の理論枠組みのどの特徴によって，従来の福祉政策分析の限界を克服できるのかを明らかにしつつ，セオリー評価を適用する具体的なプロセスと手続きはどのようにあるべきかを検討する．そのため第1，2節では，理論的検討を通じてセオリー評価についての理解を深め，分析枠組みの特徴を明らかにする．第3節では，セオリー評価の理論枠組みを用いている先行研究のレビューを行い，近年の研究動向を把握する．これらをふまえ，本研究で適用する理論枠組みを第4節で提示することとしたい．

1．評価とは何か

（1）目的あっての評価

　Weiss［1998＝2014：5-6］は，評価を「プログラムや政策の改善に寄与するための手段として，明示的または黙示的な基準と比較しながらプログラムや政策の実施あるいはアウトカムを体系的に査定すること」と定義し，その重要な要素として以下の5つを挙げている．第1は「体系的なアセスメント」であり，評価手続きの研究的特性として，社会科学研究の規範に従い，形式と厳格さをもって行われると説明している．第2は「実施」，第3は「アウトカム」で，プログラムが規定された手法に沿ってどの程度行われているか，現状を理解することを目的に「プログラムがどのようなアウトカムおよび受益者に対する効果を生み出しているか」に重点をおいた検証が行われる．第4は「基準」で，収集したエビデンスと期待値を比較し，プログラムのよさを判断する要素であるという．第5は，評価の目的でもある「プログラムや政策の改善への貢献」

である.

　以上をまとめると，評価とは，プログラムや政策の改善に役立つ情報を得ることを目的とし，その手続きにおいては，判断の基準を設け，社会科学研究の規範に従って現状をアセスメントすることであるといえる.

　また，Weiss［1998＝2014：41-42］によると，評価は「プログラム開発を支援するのが目的か，それとも最終判断を提供するのが目的か」という評価者の意図によって区分される. 前者の「形成的評価」は，プログラムの改善に資するフィードバックを重視する. 後者の「総括的評価」は，プログラムを継続するか中止するかの意思決定に活用される.

（2）日本の政策評価

　日本では，1990年代に地方自治体レベルで事務事業評価，政策評価，行政評価が始まった. 2002年4月には「行政機関が行う政策の評価に関する法律」が施行され，政府レベルでの政策評価も全面的に実施されている. 源［2013：17］によると，「国レベルでは『総合評価』，『実績評価』，『事業評価』の3つの方式が，自治体レベルでは，『事務事業評価』を中心とした評価活動が行われている」という. しかし，現在の主流は予算編成の理由づけに使われる実績評価であり，政策評価の本来の目的を果たしているとは言い難い状況である.

　山谷［2002：5］は，「政策評価は少なくともわが国の場合，政策評価という特定・個別の手法というよりはいろいろな手法の集合体である. したがって評価対象によって評価手法を使い分けることもある. あるいは政策を評価するために構築されるシステム，またはフレームワークのことをいい，そうした枠組みが無い場合には政策評価はできない. 評価システムや評価フレームがないときには，単なる『調査』になってしまう」と述べ，「政策評価」という用語が多義的に，場合によってはかなり曖昧に使用されていることを指摘している.

　平岡［2013：149］は，日本の社会福祉分野で行われている評価を表1-1のように分類したうえで，これまで関心が高かったのは②であり，③のプログラム評価への取り組みの遅れが目立つと指摘している.

　次に，表1-1の①③について先行研究の検討を行う. ①には介護保険の評価研究を含め，CiNii で「介護保険　政策評価」「福祉　政策評価」「福祉　プログラム評価」をキーワードに検索した結果を用いて，時系列で整理した（表1-2）. ③については，プログラム評価における段階と評価対象による分類を

第1章　セオリー評価は政策の改善にどう役立つか　*19*

表1‒1　日本の社会福祉における評価の種類

	評価の対象（単位）	評価の種類
①	施策・事業	中央省庁・地方自治体の政策評価・行政評価
②	事業者（サービス提供組織）	第三者評価，サービス評価
③	（社会的）プログラム	プログラムの開発と改善のために専門職・研究者・自治体等が行うプログラム評価
④	保険者（＝市町村）	介護保険制度の運営に関して保険者自らが実施する評価
⑤	臨床的な援助方法・技術	臨床的な援助方法・技術の開発のために専門職・研究者が行う評価

出所：平岡［2013：149］．

試みた（表1‒3）．

　こうして社会福祉分野における評価研究を概観した結果，以下の4点が明らかになった．

　第1は，用語や概念が明確化されていないことである．「政策評価」「プログラム評価」「行政評価」「施策評価」「サービス評価」などさまざまな用語があり，それぞれの分析内容も相互の境界線も明瞭ではない．本来は手法を意味する「プログラム評価」が，プログラムを対象とする他の評価を指す場合もあるなど，翻訳語にありがちな混乱も見られる．

　第2は，政策評価を中心に時系列に分類した結果，2005年までは地方自治体における政策評価（主に費用と効果），2010年までは介護保険関連の論文が多いことである．2013年には，『社会政策』誌が「ポスト福祉国家における政策評価」という小特集を組み，4本の論文［三重野・藤澤 2013；佐藤 2013；平岡 2013；長澤 2013］が掲載された．介護保険に関する政策評価は，2005年法改正の検証として2008年に数多くの論文が発表されているが，それ以降は低調である．

　第3は，2007年以降，精神保健福祉分野におけるプログラム評価の発展が目立つことである．実態調査にもとづくプログラム評価が開始され，実践の効果を測るアウトカムモニタリングシステムの開発なども試みられるようになった．また，プログラム評価にロジックモデルを活用した論文も散見されるようになった．2012年以降は，従事者と研究者の共同によるプログラム評価が増えている．

　第4は，高齢者福祉分野でのプログラム評価がほぼ見られないことである．精神保健福祉分野を除いてはプログラム評価が普及していないのが実情であり，今後どのような展開があるか注目される．

表 1‒2　政策評価に関する日本の先行研究

	著者［発表年］	論　文　名
福祉政策	野口正人［2000］	米国保健・福祉省の政策評価
	近藤克則［2004］	回復期リハビリテーション病棟のインパクト——政策評価の視点から
	西田厚子［2003］	地方自治体における政策評価システム
	塚原康博［2004］	福祉政策の費用・効果分析——墨田区のショートステイを事例として
	山上俊彦［2009］	住宅補助政策の効率性測定に関する考察
	斉藤雅茂ほか［2010］	「小地域ネットワーク活動支援データ管理ソフト」の開発と設計思想——要援護高齢者への見守り活動の評価ツール
	三重野卓ほか［2013］	小特集に寄せて
	佐藤　徹［2013］	政策評価システムの機能要件——高齢者福祉施策を事例に
	平岡公一［2013］	ヒューマンサービス領域におけるプログラム評価と政策評価——社会福祉分野を中心に
	長澤紀美子［2013］	諸外国における自治体評価——イギリスの業績測定を例に
	源由理子［2013］	政策評価におけるセオリー評価の実践——「実践家協働型探索モデル」の可能性
	本田圭助ほか［2015］	地方自治体の階層的政策体系における持続性貢献度評価枠組
	三重野卓［2015］	会長講演「福祉」の測定から幸福度へ——数量化をめぐる半世紀を振り返る
介護保険	石田光広［2001］	冷静な分析，政策評価が重要に——介護保険の諸課題のゆくえ
	志水田鶴子ほか［2003］	わが国の福祉サービス評価の歩みと現状
	平岡公一［2005］	介護保険サービスに関する評価研究の動向と課題
	菊澤佐江子ほか［2007］	軽度要介護者（軽度者）における介護保険サービス利用の効果——パネルデータによる要介護状態の変化の分析
	久世淳子ほか［2007］	NFU版介護負担感尺度の改定——地域ケア研究推進センターにおける介護保険制度の政策評価と介護負担感
	平野隆之ほか［2008］	介護保険の評価研究プロジェクトの概要と5つの視点
	平岡公一［2008］	介護保険の政策評価の動向
	平野隆之ほか［2008］	介護保険給付実績分析ソフトの設計思想と到達点——保険者主体の評価ツール
	平野隆之ほか［2008］	認知症高齢者のサービス利用構造と地域ケアの推進課題
	伊藤美智予［2008］	要介護認定データを用いた施設ケアのアウトカム評価の試み——要介護度維持・改善率の施設間比較

出所：筆者作成.

表1-3 プログラム評価に関する日本の先行研究

著 者 [発表年]	論 文 名	分 野	プログラム評価 における段階
藤島 薫 [2008]	障害者自立支援法における精神障害者の地域生活支援 ——地域活動支援センターの実態調査からプログラム 評価の可能性を探る	精神保健 福祉	プログラム評価 可能性について 検討
佐藤哲郎 [2009]	社会福祉協議会の地域福祉活動をどう評価していくか ——地域福祉活動（プログラム）評価におけるロジッ ク・モデル適用の可能性	社会福祉 協議会	セオリー評価
大島 巌 [2010]	精神保健福祉領域における科学的根拠にもとづく実践 （EBP）の発展からみたプログラム評価方法論への貢 献——プログラムモデル構築とフィデリティ評価を中 心に	精神保健 福祉	プロセス評価
佐藤哲郎 [2010]	社会福祉協議会活動の評価方法について一考察——プ ログラム評価におけるロジック・モデルの活用	社会福祉 協議会	セオリー評価
贄川信幸 [2010]	精神保健福祉サービスに新しいインパクトをもたらし たプログラム評価(2)——統合失調症の家族心理教育	精神保健 福祉	プロセス評価 （フィデリティ 尺度）
大島 巌ほか [2010]	科学的な実践家参画型プログラム評価の必要性と実践 的評価者・評価研究者育成の課題	社会福祉 全般	理論的検討
贄川信幸ほか [2011]	効果のあがる精神障害者退院促進支援プログラムモデ ル構築に向けた実証的アプローチ（その2）——効果 モデルのフィデリティ尺度の開発と関連要因	精神保健 福祉	プロセス評価
佐藤哲郎 [2012a]	市町村社会福祉協議会の事業評価について——プログ ラム評価によるロジック・モデルの活用	社会福祉 協議会の 事業	セオリー評価
上村勇夫ほか [2012]	効果の上がる福祉実践プログラムモデル構築のための アウトカムモニタリングシステムの開発——実践家・ 研究者協働によるプログラム評価アプローチから	精神保健 福祉	インパクト・ アウトカム評価
廣瀬圭子ほか [2012]	「認知症高齢者に配慮した施設環境づくり支援プログ ラム」の効果的実践モデルの構築——プログラム評価 理論および方法論の適用	高齢者 福祉	インパクト・ アウトカム評価
佐藤哲郎 [2012b]	社会福祉協議会が展開するボランティアセンターの評 価方法について——プログラム評価によるロジック・ モデルの活用	社会福祉 協議会の 事業	セオリー評価
大島 巌 [2012]	制度・施策評価（プログラム評価）の課題と展望	社会福祉 全般	プログラム評価 全般（実践家参 画型重視）
蔭山正子ほか [2015]	精神障がいの家族ピア教育プログラムの質的評価—— プログラム事後の自由記載の分析	精神保健 福祉	質的評価（プロ セスやアウトカ ム要素重視）
源由理子 [2015]	社会福祉領域における実践家が参画する評価の意義と 可能性——参加型評価方式からの考察	社会福祉 全般	セオリー評価
中越章乃 [2015]	制度モデルを改善し，効果モデルを構築する実践家参 画型プログラム評価の試み——精神障害者退院促進・ 地域定着支援プログラムを対象として	精神保健 福祉	インパクト理論 ・プロセス理論 → CD-TEP 評 価アプローチ法

出所：筆者作成.

（3）プログラム評価の守備範囲

　前述した，プログラムの改善を重視する形成的評価の性格をもつ評価方式として，福祉分野で比較的よく知られているのがプログラム評価である［李 2016］．Rossi, Lipsey and Freeman［2004］によるプログラム評価は，日本の政策評価において「総合評価」のひとつの手法とされている［山谷 2004］．それは特定の社会目標を達成するために，人が中心となって介入する活動群を評価する手法であり［Rossi, Lipsey and Freeman 2004］，①プログラムのニーズ評価，②プログラムのデザインとセオリー評価，③プログラムのプロセスと実施の評価，④プログラムのアウトカム／インパクト評価，⑤プログラムのコストと効率の評価の5段階で構成されている．言い換えると，①社会的ニーズを把握し，②デザインとセオリーを考えながらプログラムを開発し，③実施状況をモニタリングしながら，④実施されたプログラムの効果を把握し，⑤コストと効率の面からも検討するという流れである．

　プログラム評価は，以上のように標準化された体系的な社会科学的調査視点をもつことに加えて，クライアントのニーズを反映できるという特徴を有している．山谷［2006：94］はプログラム評価の特徴として，「実態を知りたい」という端的な表現で，プログラムの内容により深くコミットしようとする志向の強さを挙げている．結果だけの業績測定にもとづく実績評価とは異なり，プログラムの各段階を対象としている点も特徴といえる．つまり，クライアントのニーズを視野に入れ，プログラムのどの部分に欠陥があるかや，プログラムの効果を検討することも可能なのである．

　プログラム評価と従来の業績測定の違いを，田辺［2014：3］は表1−4のように示し，「業績測定は，指標を設定して定期的・継続的に実績値を測定するものであり，プログラム評価でいえば『モニタリング』という手法に当たる」「プログラム評価の体系ではプロセス評価，インパクト評価の一部に位置付けることができる」と述べている．さらに，業績測定が有効に利用されない原因を「指標設定と分析の欠如」にあると指摘し，階層的な視点による因果関係分析から得られたデータが意思決定やマネジメントに利用できるとして，プログラム評価の必要性を訴えている．

　現在行われている評価は，何々をするという活動とその結果だけに注目する傾向がある．しかし，インフラをいくつ整備し，認知症サポーターを何人育成したという結果だけにもとづく実績評価では，なぜ失敗したのか，どうすれば

第1章　セオリー評価は政策の改善にどう役立つか　*23*

表1‑4　業績測定とプログラム評価の守備範囲

プログラム評価		業　績　測　定
評価の視点	性　　格	
第1段階： 必要性評価	問題の性質と程度を分析し，施策の必要性を評価する．	
第2段階： セオリー評価	施策の論理的な構造をロジックモデル等で明らかにし，その質や内容を評価する．	
第3段階： プロセス評価	施策が意図したとおり実施されているのかを評価する．	⇧プロセス・モニタリング （指標：インプット，活動，アウトプット）
第4段階： インパクト評価	施策による社会状況の改善の有無と程度を評価する．	⇩アウトカム・モニタリング （指標：アウトカム）
第5段階： 効率性評価	施策の費用効果を評価する．	

出所：田辺［2014：3］に筆者加筆．

良くなるのかという，プログラムを改善するための情報を得るには不十分なのである．

╋ 2．セオリー評価の実践的理解

（1）セオリー評価登場の背景

　本書では，5段階からなるプログラム評価の第2段階であるセオリー評価を研究手法として選択している．その分析枠組みに関する理論的検討の前に，セオリー評価がプログラム評価の枠内にとどまらず，ひとつの評価方式として発展した経緯について説明する．

　セオリー評価は，信頼性および客観性中心の評価方式である目標中心評価モデル［Tyler 1950］などへの反省から，妥当性および有用性を重視する評価への転換を試みるなかで登場した［イソクミン 2010：320］[1]．龍・佐々木［2010：28-29］によると，「評価とは『目的の連鎖』［Chain of Objectives］の達成度合いを扱うものである」と述べた Suchman［1967］が，セオリー評価の基本的な考え方を披歴した最も初期の著作であると推測されている．Suchman［1967］は，評価研究の核心は「プログラムの活動と目標，そして活動と目標の間の媒介プロセスを理解すること」であるとし［キムドンニプ・イサムヨル 2011：276］，活動と目

標の間で起こるメカニズムに注目した．その後，Weiss [1998] は，プログラムのセオリーを評価することが重要なのは，プログラムに関する因果関係を特定する方法と，どのような因果関係がプログラムを最もよくサポートするかを検討できるからだと主張し，このテキストの改訂版 [Weiss 1998] では「theory-based evaluation」という用語を提唱した [龍・佐々木 2010：28]．さらに，「プログラム理論を評価するもっとも発展したアプローチ」[Rossi, Lipsey and Freeman 2004＝2005：156] である「評価可能性評価」というアイデアが，1970年代の都市研究所（Urban Institute）の評価研究グループの経験から生まれた [Rossi, Lipsey and Freeman 2004＝2005：128]．これは，評価に必要な最低限の前提条件が質的に担保されているのかを検討するため，評価を実施する前に，評価者と評価を用いる側でプログラムのゴール（上位目標），目標，情報の優先順位などが一致しているかを確かめるものである．この評価可能性評価によって，「『政策評価』と言えば事後的なインパクト評価を指した当時の状況から発展して，セオリー評価，実施プロセス，インパクトへと『政策評価』はその守備範囲を広げたのである」[龍・佐々木 2010：29]．これに加え，1990年の Chen の著書 “Theory Driven Evaluation” によってセオリー評価に拍車がかかり，1990年代の Bickman，2000年代は Roger らによって引き継がれ発展した [Brousselle and Champagne 2010：3]．

　こうした経緯により，セオリー評価は，program theory evaluation [Bickman 1987, 1990]，theory-based evaluation [Weiss 1995, 1997]，program logic evaluation [Lenne and Cleland 1987；Funnell 1997] など，多くの異なる名称で論じられてきた [Rogers et al. 2000：6]．

（2）理論＝仮定を評価する

　セオリー評価は，英語では program theory evaluation，すなわちプログラム理論の評価であるが，日本では一般的に「セオリー評価」と呼ばれている [佐々木 2013：10]．また，theory-focused evaluation を訳した理論着眼型評価 [西出 2005] という用語も使われている．

　一方，韓国では，theory-driven evaluation を理論主導型評価 [イソクミン 2010]，論理主導型評価 [イムジヨン・キムヨンソク 2013；チェビヨンミン・リュジヨン 2012；オジヨンウン 2014]，program theory evaluation をプログラム・セオリー評価 [チョヒヨンミン 2014] と表現している．

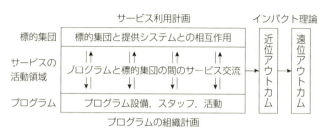

図 1-1 プログラム理論の構造
出所：Rossi, Lipsey and Freeman ［2004＝2005：132］．

「セオリー」「プログラム・セオリー」など，表現は少しずつ違うが，いずれもプログラム理論を基盤とする評価である．そこで，まずは「プログラム理論」が何を意味するかを理解する必要がある．

プログラム理論は，「プログラムがどのように作動して意図した結果を創出するかに関する仮定である［Bickman 1987；Chen 1990；Donaldson 2003］」［キムドンニプ・イサムヨル 2011：270］という．佐々木［2013：10］は，「すべてのプログラム（施策）は何らかの『介入理論』（セオリーあるいはロジック）にもとづいている．セオリーとは，原因と結果が連鎖上に連なる『仮定』である」と述べている．たとえば，政策には，目的と，それを実現するための具体的な計画・内容が含まれており，それらは「一定の資源を投入し，活動をすれば，予想していた結果が出て，それが成果につながり，目的が実現できる」という仮定によって組み立てられている．一つひとつの政策は，こうした仮定にもとづいて策定され［龍・佐々木 2010：26］，「目指す社会的利益をもたらすにはなにをなすべきかという構想や計画」［Rossi, Lipsey and Freeman 2004＝2005：126］が示される．

したがって，プログラム理論の「理論」は，学問的な意味での理論ではなく，各プログラムに内在している「こうすればこうなるはずだ」という論理上の仮定を意味する．明確には意識されていない場合を含め，すべてのプログラムはこうした仮定にもとづいてデザインされており，どのプログラムにも固有のプログラム理論が存在する．そして，その妥当性を検討するのがセオリー評価なのである．

プログラム理論をどう記述するかについては一般的なコンセンサスが存在せず［Rossi, Lipsey and Freeman 2004＝2005：130］，プログラム理論の概念構造の記述方法も研究者によって異なる．図 1-1 は，Rossi, Lipsey and Freeman

[2004] によるプログラム理論の構造である．ここに示されているように，プログラム理論はサービス利用計画，プログラムの組織計画，インパクト理論の3つの要素で構成される．サービス利用計画とプログラムの組織計画はプロセス理論であり，インパクト理論には近位アウトカムと遠位アウトカムが含まれる．簡単に説明すると，適切な組織計画と，標的集団に確実にサービスを提供できる利用計画をもち，標的集団とプログラム間のサービス交流があってこそ，アウトカムを生み出し，目指すゴールに到達できるということである．

　つまり，プログラム理論を確立するには，プロセス理論による具体的なサービス利用計画，プログラム組織計画の明確化と，インパクト理論による近位アウトカム，遠位アウトカムへの仮定の論理性の確保が求められる．

（3）セオリー評価の3つの用途

　セオリー評価には次の3つの用途がある．① プログラム理論の開発，② 開発されたプログラム理論の妥当性の検討，③ 評価可能性のアセスメントである［Rossi, Lipsey and Freeman 2004＝2005］．

　①は，集めた情報をもとに妥当性のある仮定を立て，プログラムをデザインすることが主な目的である．これはプログラムの開発もしくはプログラムの明確化を図るために行われる．

　②は，開発され実施されているプログラムの妥当性を検討し，改善に役立つ情報を提示することが目的である．これについて龍・佐々木［2010：26］は，セオリー評価は，妥当性のあるプログラム理論を開発するために欠かせないものであるが，すでに実施されているプログラムの検討のためにも有効に使えると述べている．

　③は，プログラム理論に大きな欠陥がないことを確認し，セオリー評価に続く各評価の前提条件を充足させるとともに，それらの結果を裏付けることが目的である［Rossi, Lipsey and Freeman 2004］．プログラム評価は5段階で構成されているが，第1段階，第2段階を経ずに第3段階以降の評価を行った場合，どのような結果が得られても，それがプログラムの働きによるものかは判断しにくい．プログラム理論に欠陥があり，想定どおりに機能していない可能性が排除されていないからである．セオリー評価によって確認されたプログラム理論が，その後の評価の基盤になるのである．

　これらの用途におけるセオリー評価の利点として，以下の3点を指摘できる．

第1章　セオリー評価は政策の改善にどう役立つか　*27*

　第1に，プログラムの計画および改善における利点である．プログラムの活動から成果に至るメカニズム，すなわち一連の仮定を追跡することによって，仮定の連鎖が壊れている部分，もしくは仮定どおりに実現しうる部分の情報を得ることができる．これらの情報によって，プログラムをより望ましく効果的な戦略に開発していくことができる．

　第2に，知識開発における利点である．個々の評価設計は，それぞれ異なる特性を持っている．しかしこれらを繰り返すことによって，うまく機能する，あるいは機能しない変化のメカニズムについての知識をより一般化することができ，体系的に構築されていくことが期待される．

　第3に，評価研究計画における利点である．プログラム理論に基づくアプローチは，そのまま実現できると仮定された変化のメカニズムを足場とし，特に中心的または問題のある部分に焦点を合わせて，それに関するデータを収集することができる．

　現在の業績中心の事後評価だけでは，政策のどの部分が機能していないから目的を達成できないのかが把握できない．クライアントにとって有効な政策の策定や見直しのための情報を得るには，そのような評価だけでは不十分である．目的に至るまでのセオリーは妥当か．実現可能な内容であり，目的を達成するための有効な手段で構成されているか．これらのセオリーの検討はきわめて重要である．

　本研究が扱う3次計画のように，すでに開発され運用されているプログラムについては，そこに内在する固有の理論を導出する作業が特に重要である．プログラム理論はセオリー評価の対象であるが，そこで必要になる評価設計と指標開発の基盤でもあるからである．これについて Rossi, Lipsey and Freeman［2004＝2005：155-156］は，プログラム理論の仮定に欠陥がないことを理論的根拠とともに確認し，以後の各評価の前提条件を充足させ，それらの結果を裏付けることであると述べている．

（4）道具と方法
1）　ロジックモデルの活用

　プログラム理論は主にロジックモデルで表現され［龍・佐々木 2010；源 2013；佐藤 2010など］，それを用いてセオリー評価が行われる．そうすることによって，政策がもつ論理的整合性や因果関係を明らかにできるからである［龍・佐々木

2010：26]．また，ロジックモデルを検証するのがセオリー評価であるともされている［西出 2005：19]．この場合，プログラム理論とロジックモデルはおおむね同一視されている［佐々木 2013：10]．

ロジックモデルは，プログラムの一連の流れを「投入」「活動」「結果」「成果」などに分解し，どのような道筋で目的を実現するかを図式化したものである．通常は，行と列に配列されたボックスと一方向の矢印によって描かれる．ボックスはプログラムの構成要素，矢印は仮定である．プログラム理論をこのように表現することによって，プログラムがどのような道筋でゴールに到達しようとしているか，その構造の全体を一目で把握しやすくなる．

ロジックモデルは仮説でもあり，この仮説を検証するツールとしても使うことができる．たとえば，認知症高齢者のためのカフェの設置（政策の実施）が，認知症への関心を高め（意識の変化），早期診断や予防教育に積極的に参加するようになり（行動変容），認知症有病率を下げるというインパクトまでの道筋を，ロジックモデルは示すことができる．

ロジックモデルの扱い方や完成度は，前述したセオリー評価の用途によって異なる．政策の開発段階では，プログラム理論の構築から始まって，その内容をロジックモデルで表現することが最終目的になりうる．龍・佐々木［2010]は，ロジックモデルを「セオリー評価の成果物」としている．しかし，すでに実施されているプログラムを評価する場合は，そこに内在し作動している理論を所与のものとしてロジックモデルで表現し，それを活用した検証を行ってこそ意味がある．さらに，その検証結果を反映した改善案のロジックモデルを提示することも可能である．つまり，プログラム理論が十分に反映されたロジックモデルは大いに活用できるが，ロジックモデルの作成自体が目的ではない場合もある．

セオリー評価は政策策定の際に必ず行うべきプロセスであるが，すでに実施されている政策に実施し，目的にそった効果が得られない原因をロジックモデルを用いて探索することで，政策見直しの根拠としても有効に使えるとされている．

2） 目的によって異なる手順

前述のとおり，セオリー評価の一般的な方法は，プログラム理論をロジックモデルで表現し，それを検証することだとされている．セオリー評価をこのプ

表 1‐5　セオリー評価のプロセス

Rossi, Lipsey and Freeman [2004]	① プログラム理論の記述 　1 ）プログラムインパクト理論 　2 ）サービス利用計画 　3 ）プログラムの組織計画 ② 理論を引き出す 　1 ）プログラムの境界を定める 　2 ）プログラム理論を詳細に説明する 　3 ）プログラム理論を確証する ③ 理論のアセスメント 　1 ）社会的ニーズに関連したアセスメント 　2 ）論理性と説得力のアセスメント 　3 ）研究や実践との比較によるアセスメント 　4 ）予備的観察を通したアセスメント
龍・佐々木 [2010]	① 既存資料の収集・分析 ② ステークホルダー・ヒアリング ③ 実際の観察 ④ ロジックモデルの原案作成 ⑤ ステークホルダーによる小規模ミーティング ⑥ 修正作業と完成 ⑦ 定期的な見直しとステークホルダーによる共有化
McLaughlin and Jordan [2010]	（ロジックモデル形成の 5 段階） ① 関連する情報の収集 ② プログラムが解決しようとする問題とそのコンテキストを明確に定義 ③ 表にモデルの要素を定義 ④ モデルの描画 ⑤ ステークホルダーとのモデルの検証
ノファジュン [2015]	① プログラムの境界の定義 ② 関連する情報の収集 ③ プログラムが解決しようとする問題とそのコンテキストを明確に定義 ④ 表にモデルの要素を定義 ⑤ モデルの描画，ロジックモデルの作成 ⑥ ステークホルダーとのモデルの検証

ロセスで説明しているのは，龍・佐々木［2010］とノファジュン［2015］である．また，McLaughlin and Jordan［2010］はプログラム評価におけるロジックモデルの活用法を紹介している．

　表 1‐5 は，主要な研究者が示すセオリー評価の手順である．ノファジュン［2015］が提示しているプロセスは，McLaughlin and Jordan［2010］のロジックモデル形成の 5 段階に，Rossi, Lipsey and Freeman［2004］の理論を引き出

表1-6 セオリー評価の手順の違い

区　分	手　順
プログラム開発の場合	① 既存資料の分析，ステークホルダー・ヒアリング，実際の観察 ② ロジックモデルの原案作成 ③ プログラム理論完成
開発されたプログラムの検討 の場合	① プログラム理論の抽出 ② ロジックモデルで表現 ③ 既存資料の分析，ステークホルダー・ヒアリング，実際の観察

出所：龍・佐々木［2010：34-36］を参考に筆者作成.

す最初のステップ「プログラムの境界を定める」を付け加えたものである.

　用途との関連で，龍・佐々木［2010］は，プログラムを開発する場合のセオリー評価の手順を表1-6の上の部分のように説明している. この場合は，「既存資料の分析，ステークホルダー・ヒアリング，実際の観察」で得た情報にもとづいてプログラムを開発していく. 一方，すでに開発されたプログラムの場合は，表1-6の下の手順でセオリー評価を行う. 簡単にいうと，開発する場合とは逆である. この場合は，プログラムから理論を抽出し，それにもとづいてロジックモデルを作成し，それらの情報にもとづいてプログラムのデザインと仮定のどこに欠陥があるかを探索する. つまり，プログラムの開発と開発されたプログラムの検討という目的のちがいによって，情報源は同じであっても重点や使い方が異なる.

　このように，プログラムを開発するためのセオリー評価と，すでに開発されたプログラムのセオリー評価は区別して考える必要がある. プログラムを開発する場合は，ロジックモデルで表現してみることで因果関係を確認でき，ある程度の論理性をもつプログラム理論を構築できる. これが，龍・佐々木［2010：26］の言う「セオリー評価の成果物」としてのロジックモデルである. 一方，すでに開発されたプログラムを評価する場合は，そこに内在し作動しているプログラム理論を所与のものとして抽出し，ロジックモデルで表現する. このようにプログラム理論が反映されたロジックモデルをツールとして活用してこそ，有益な情報が得られるのである.

　以上の説明をまとめると，図1-2のようになる. 開発されたプログラムの場合，プログラム理論を十分に反映しない，もしくは検討しないままのロジックモデルでの検証は妥当性と信憑性に欠ける. 先に述べたように，プログラム

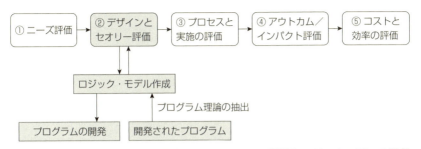

図1-2 プログラム評価の5段階におけるセオリー評価とロジックモデルの関係
出所:筆者作成.

表1-7 セオリー評価の目的によって異なるアプローチ

区 分	目 的	どのように
プログラムを開発するためのセオリー評価	ロジックモデルを作成することで,妥当性のある仮定にもとづくプログラムのデザインを開発	ロジックモデルの作成
開発されたプログラムのセオリー評価	開発されたプログラムが仮定どおりに展開する可能性を評価し,欠陥がある部分の情報を改善のために提示	プログラム理論が反映されたロジックモデルどおりの展開が可能かを,確認できる部分は確認しながら,その根拠を探していく.もしくは,欠陥がある部分を確認していく

出所:筆者作成.

理論はセオリー評価の対象であるが,そこで必要になる評価設計と指標開発の基盤でもあるからである.

また,プログラムを開発するためのセオリー評価か,開発されたプログラムのセオリー評価かによって異なるアプローチを表1-7にまとめた.

3. セオリー評価に関する韓国の先行研究

本節では,セオリー評価,すなわちプログラム理論の評価という認識で取り組まれた,韓国の先行研究[2]の動向を把握し,考察を加える.分析対象の選定にあたっては,韓国教育学術情報院(KERIS)のサイトで,「プログラム論理」「プログラム理論」「論理主導型」のいずれかのキーワードを含む研究に限定した.なお,タイトルと抄録を確認し,同一の研究者による重複する研究,セオ

リー評価と直接的な関連のない論文はあらかじめ除外した.

セオリー評価に関する論文12件の概要を表1-8，表1-9に示す.

まず，論文に掲げられている目的と研究のプロセスを参照した結果，大まかに3つのタイプに分類することができた．1つめは，プログラムの作動原理である仮定を探索し，プログラム理論の精密な概念化に焦点をあてた研究，2つめは，プログラム理論にもとづく評価モデルの開発を目指す研究，3つめは，実際の評価を行う研究である．言いかえると，セオリー評価は図1-3の1～3段階のいずれかで実施されている．

以上の3つのタイプは，図1-3の①においてはそれぞれRogers et al. [2000] が提示した「概念的 (conceptual)」「経験的 (empirical)」という2つの要素を含んでいた．「概念的」は，プログラム理論やプログラムモデルを説明できるよう明らかに (明示的に) すること，「経験的」は，プログラムがどのように意図されたか，またはその結果がもたらされたかの調査を試みることである．

図1-3の⑤を実施した研究の概念的・経験的な要素をみると，キムジヘ [2004] は，プログラム構築をFGIによって経験的に行い，そのプログラム理論の仮説の妥当性を文献にもとづいて検討している．チャンヒヨン [2008] とチョヒョンミン [2014] は，プログラム理論の開発から評価までのプロセスをインタビューおよびアンケート調査によって経験的に試みている．一方，ユンヒョン・キムヘギョン [2010] とイソクミン・ウォンシヨン [2012] は，研究プロセスおよび方法が概念的要素だけで成り立っている．

なお，研究分野は青少年福祉と教育が多かった．プログラム理論の概念化によく用いられるのは，Chen [1990；2005]，Rossi, Lipsey and Freeman [2004]，Rogers [2000] の理論枠組みであった．

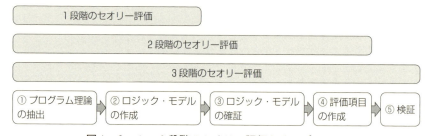

図1-3　1～3段階のセオリー評価とそのプロセス

出所：筆者作成.

第1章　セオリー評価は政策の改善にどう役立つか　*33*

表1-8　韓国におけるセオリー評価の研究概要Ⅰ

区　分	論　文	概　要
1．プログラム理論の概念化	ペホスン [2002]	教育課程の構造と機能を明確にし，① 教育課程次元間の関連性中心の論理，② Chen [1990] のプログラム理論中心の論理，③ 主要教育課程の活動中心の論理，④ 授業体系的なアプローチ論理，⑤ Rogers [2000] が提示したプログラムモデル，⑥ 教育研究関連の変因論理，の6つのパターンで概念化．
2．評価モデル開発	イムジヨン [2006]	青少年活動プログラムの理論的概念モデルを構築し，理論的に妥当化された論理主導的評価準拠概念ツールを考察．
3．評価モデル開発	パクソヨン [2007]	HRD (Human Resource Development: 人的資源開発) プログラムをより総合的，体系的に実施するための評価体制を開発することを目的とし，先行研究の分析を通して評価体制の構成要素および主要活動を導出して，設計案を設ける．専門家との妥当性の検証を通して評価体制を修正および補完し，評価体制を完成．
4．評価モデル開発	イソクミン [2010]	2009年カスタマイズ訪問健康管理事業について，Chen [1990；2005] と Rossi, Lipsey and Freeman [2004] にもとづいて事業の理論の概念的ツールと影響理論を構成．影響理論の構成においては，媒介変数と調節変数を訪問教室関連の先行研究から設定し，それぞれの要素に分析を加えて，改善評価モデルを提示．
5．評価モデル開発	チェビョンミン・リュジヨン [2012]	全国生涯学習フェスティバル事業プログラムの評価モデルを開発するため，Outcomes Chain Model の概念的枠組みの構成，因果関係の推論，Outcomes Chain Model にもとづく評価要素別評価の設計（データ収集方法，評価指標，解析表）をそれぞれ提示することで政策評価モデルの開発を試みている．
6．評価モデル開発	イムジヨン・キムヨンソク [2013]	青少年修練院の作動論理モデルを Chen [2005] のプログラムロジックの概念枠組みを活用して考察．それをもとに利害関係者のフォーカスグループインタビューと協議，専門家との調査を行い，ロジックモデルと定性的・定量的評価モデルを開発．
7．評価モデル開発	オジョンウン [2014]	退役軍人を対象とする求職支援サービスの論理主導評価モデルを，Chen [2005] の概念的構造モデルと Rogers [2000] のプログラム論理体系の概念図を活用し開発．
8．評価	キムジヘ [2004]	青少年ストリート相談プログラムの評価の論理性と現場での有用性を高めるため，プログラム理論を構築し，その仮説の妥当性を研究文献を通して検討．
9．評価	チャンヒヨン [2008]	論理主導評価の方法で教会父母教育プログラムの効果を確認し，今後の実施と改善のための示唆を得る．
10．評価	ユスンヒョン・キムヘギョン [2010]	メタボリックシンドロームを改善するための生活習慣介入プログラムのプログラム理論評価．
11．評価	イソクミン・ウォンシヨン [2012]	老人長期療養保険制度の作動論理（theory or logic）を把握し，評価モデルを作成して，そのモデルにそって各要素を評価．
12．評価	チョヒョンミン [2014]	安山市の外国人勤労者教育プログラムのプログラム理論を評価し，発展方法を提示．

表1－9　韓国におけるセオリー評価の研究概要Ⅱ

区　分	論　文	研究分野	プログラム理論の構成に適用している理論	研究プロセスおよび方法
1．プログラム理論の概念化	ペホスン[2002]	教育	Chen [1990], Rogers [2000]	概念的
2．評価モデル開発	イムジヨン[2006]	青少年福祉		プログラム理論の構成（経験的）→開発した評価モデルの妥当性の検討（経験的）
3．評価モデル開発	パクソヨン[2007]	HRD（Human Resource Development：人的資源開発）プログラム	Chen [1990, 2005]	先行研究の分析を通して評価体制の構成要素および主要活動を導出（概念的）→専門家との妥当性の検証を通して，評価体制を修正および補完し評価体制を完成（経験的）
4．評価モデル開発	イソクミン[2010]	訪問健康管理事業	Chen [1990；2005], Rossi, Lipsey and Freeman [2004]	プログラム理論の構成（概念的）→評価（概念的）
5．評価モデル開発	チェビョンミン・リュジヨン [2012]	教育	Chen [1990, 2005] の変化モデル(Change Theory)	評価モデル開発のためのOutcomes Chain Modelの概念的枠組みの構成→因果関係の推論，Outcomes Chain Modelにもとづく要素別評価の設計（データ収集方法，評価指標，解析表）を提示（概念的）
6．評価モデル開発	イムジヨン・キムヨンソク[2013]	青少年活動施設	Chen [2005] のプログラムロジックの概念枠組み	プログラム理論の構成（概念的）→評価モデルの妥当性（経験的）
7．評価モデル開発	オジョンウン[2014]	雇用	Chen [2005], Rogers [2000]	プログラム理論の構成（概念的）→開発した評価モデルの妥当性をインタビュー，アンケート調査で検討（経験的）
8．評価	キムジヘ[2004]	青少年福祉	Sidani and Sechrest [1999] のモデルと Savas, Fleming and Bolig [1998]	プログラム理論（経験的：FGI）→仮説の妥当性を研究文献を通して検討（概念的）
9．評価	チャンヒヨン[2008]	教育	Davis [2000], Rossi, Lipsey and Freeman [2004]	プログラム論理の開発→評価（経験的：インタビュー，アンケート調査）
10．評価	ユスンヒヨン・キムヘギヨン [2010]	健康管理	Rossi, Lipsey and Freeman [2004] のインパクト理論	プログラム理論の構成（概念的）→分析（概念的）
11．評価	イソクミン・ウォンシヨン[2012]	老人長期療養保険制度	ロジックモデル	プログラム理論をロジックモデルで構成（概念的）→評価（概念的）
12．評価	チョヒョンミン [2014]	外国人勤労者の教育プログラム	ロジックモデル	プログラム理論の構成→評価設計→評価（経験的：インタビュー，アンケート調査）

Rossi, Lipsey and Freeman［2004］はセオリー評価の主要な方法として，①社会的ニーズに関連したアセスメント，②論理性と説得力のアセスメント，③研究や実践との比較によるアセスメント，④予備的観察を通したアセスメントを提案している．

この視点から，評価を実施している研究をみると，①社会的ニーズに関連したアセスメントを試みているのはチョヒョンミン［2014］だけであった．

多くの研究で試みられているのは，②論理性と説得力のアセスメントである．キムジヘ［2004］は，プログラム関係者との FGI によって，「クライアントと体系条件（状況）→プログラム要素（投入）→活動→媒介的アウトカム→道具的アウトカム→究極的アウトカム」というプログラム理論を構成し，導出されたプログラム理論の妥当性を先行研究から検討している．チャンヒヨン［2008］は，研究対象プログラムの理論を Rossi, Lipsey and Freeman［2004］が提示したプロセス理論とインパクト理論に分け，プロセス理論の「投入→活動→因果的メカニズム」，インパクト理論の「短期的アウトカム→中・長期的アウトカム」の各要素について，インタビューとアンケート調査による評価を実施している．イソクミン・ウォンション［2012］は，先行研究の検討によって「投入→アウトプット→短期アウトカム→中期アウトカム→長期アウトカム」という評価モデルを構築し，それぞれの指標を用いてプログラムの評価を行っている．チョヒョンミン［2014］は，評価対象プログラムについて「投入→活動→アウトプット→短期アウトカム→中期アウトカム→長期アウトカム」という構成のロジックモデルを作成し，社会的ニーズとの関係の検証，プログラム論理の実現可能性の検討，プログラムの要素間の論理的因果関係の検証を評価領域として，それぞれの評価指標と測定項目を提示し，関係者へのインタビューとアンケート調査にもとづく評価を実施している．社会的ニーズとの関係は，プログラムに対する外国人勤労者のニーズと実際のプログラムの目標を比較することで検証している．

③研究や実践との比較によるアセスメントは，似通った実践の情報を分析したり，プログラム理論の各要素について他の研究からエビデンスを探しているものが多かった．

④予備的観察を通したアセスメントは，プログラムが実施されている現場を訪問し，観察やプログラム関係者へのインタビューを行うことが提案されているが，現場を訪問し観察した研究は少なかった．

セオリー評価に関する韓国の先行研究のレビュー結果を3点にまとめ，特徴と課題を述べる．

第1に，プログラム理論そのものを対象とする研究が少ない．これに該当するのは最初期のペホスン［2002］のみであり，それ以降のものは，評価モデルの開発を目指す研究と，実際の評価を行う研究であった．

第2に，研究プロセス・方法には概念的要素と経験的要素が混在している．プログラム理論の概念化によく用いられるのは，Chen［1990：2005］，Rossi, Lipsey and Freeman［2004］，Rogers［2000］の理論枠組みであった．

第3に，図1-3の3段階のセオリー評価においても社会的ニーズへの関心が低かった．アセスメントを試みているのはチョヒョンミン［2014］だけであり，ニーズそのものは調査で把握しているが，そのニーズがプログラム理論に反映されているかの検討には至っていない．

＋ 4．実施中のプログラムに対するセオリー評価の 方法論的探究

本節では，セオリー評価の理論枠組みと先行研究の限界をふまえ，実施中のプログラムである3次計画のセオリー評価を行うための，理論枠組みと具体的なプロセスを検討する．

（1）セオリー評価の理論枠組み

Rossi, Lipsey and Freeman［2004］が提示するセオリー評価では，プログラム理論を投入からアウトプットまでのプロセス理論と，活動から目標とゴールまでのインパクト理論に分け，この両面から検討することによって，プログラム全体の「ゴールに至る道筋の整合性」を評価する（図序-2）．

図1-4は，主にRossi, Lipsey and Freeman［2004］の理論にもとづくセオリー評価の手順である．①では，プログラム理論をプロセス理論とインパクト理論に分けて抽出する．②では，抽出されたプログラム理論をロジックモデルの各要素に配置する．③は，計画立案時の仮定がロジックモデルに十分反映されているかを当時の関係者と確認する作業である．開発されたプログラムのセオリー評価の場合，デザインとそこに内在する仮定にどれほどの妥当性があり，その仮定どおりに動いているかを検討する．そのため，開発当時の仮定がどう

図1-4 開発されたプログラムのセオリー評価の手順
出所：Rossi, Lipsey and Freeman [2004] を参考に筆者作成.

いうものであったかを極力正確に確認することが求められる．④では，判断の基準となる評価項目を設ける．そして⑤で，この評価項目にもとづいてプログラム理論を検証する．

　評価が一般の調査と最も異なる点は，到達点を確認し問題点を明らかにするための判断基準，すなわち評価指標あるいは評価項目を用いることである．評価指標は数値によるもの（例：診断率がどれだけ上がったか，虐待率がどれだけ下がったか）が多いが，セオリー評価は数値による判断ではなく，ロジックモデルに示された過程がうまくつながる可能性，もしくは，うまくつながらないならどこに欠陥があるかを明らかにするのが目的である．これに関して源［2013：22］は，セオリー評価を「多様な価値が渦巻く実践の現場における目的の明確化とそれを達成するための手段を選択し，プログラムを組み立てていく質的な評価である」と説明している．

　では，開発されたプログラムのセオリー評価ではどのような評価項目が必要なのだろうか．その具体的な手がかりになるのが，Rossi, Lipsey and Freeman［2004］が示している，評価をする際の次の2つの視点である．① 社会的ニーズとの関係から検討し，それらのニーズがプログラム理論に反映されているか．② 目指すゴールまでの構成が論理性と説得力（plausibility）をもっているか．これをふまえ，プロセス理論とインパクト理論に分けて評価項目を整理したのが表1-10である．

　プロセス理論において重要なのは，投入の充足度が活動の適切性の確保に影響し，活動の適切性がアウトプットに直接的な影響を与えることをふまえて，目的にかなった機能の明確性と手段の有効性が確保されているかと，その機能と手段に必要な資源の充足度と活動の適切性を確認することである．インパクト理論では，主にプログラムのゴールと，そのゴールに到達するために設定している目標がニーズを反映しているかと，それらの目標を通してゴールに到達するという仮定に理論的根拠と説得力があるかを検討する．これをロジックモデルに当てはめたのが図1-5である．

表1-10 プロセス理論とインパクト理論における評価項目

領　域	評　価　項　目
プロセス理論	① 目的にかなった機能の明確性と手段の有効性 ② 活動の適切性 ③ プログラムに配分された資源の充足度
インパクト理論	① 社会的ニーズとの関係 ② プログラムのゴールと目標の十分な定義と妥当性 ③ 仮定の変化のプロセスの説得力（plausibility）

出所：Rossi, Lipsey and Freeman [2004] を参考に筆者作成.

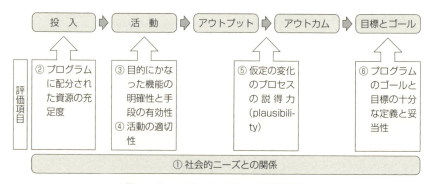

図1-5 ロジックモデルと評価項目

出所：Rossi, Lipsey and Freeman [2004] を参考に筆者作成.

（2）結果の信頼性を高めるには

Rossi, Lipsey and Freeman [2004＝2005：143] はセオリー評価の現状について，「このようなアセスメントが比較的軽視されているのは，理論のアセスメントが重要でないとか珍しいからではなく，それらが通常は，それほど説明のいらない常識的な判断に頼ったインフォーマルなやり方で行われているからだ」と述べている．この説明を借りて米原 [2015：174] は，「何らかの調査が適用されることはほとんどない」とし，セオリー評価で可能な社会調査方法として「社会調査の準備プロセス（指標設定，調査票作成）」を協働型で行うことを提案している．指標設定をステークホルダーと協働で行うことによって，セオリーの矛盾がある程度浮かび上がってくるからである．これもひとつの方法ではあるが，セオリーの検証のためにはより体系的な調査方法の確立が求められる．その構想を図1-6に示した．これは，ニーズ調査にもとづくインパクト理論

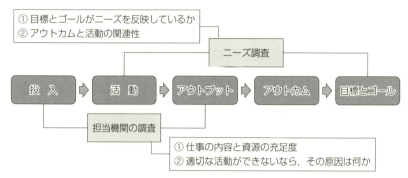

図1-6 実施中のプログラムを対象とするセオリー評価の調査枠組み
出所：筆者作成.

の検討と，活動領域の調査にもとづくプロセス理論の検討を通して，プログラム全体の整合性をみることを意図している．プログラムの実施中でも可能な調査はあり，それを行うことが結果の信頼性を高めることにつながると考えたからである．

次に，インパクト理論とプロセス理論における調査のポイントと検討項目について説明する．

インパクト理論では，活動から目標とゴールまでを検討するために，サービスの利用者と，家族，従事者，政策立案者を対象とするニーズ調査を行う．これらステークホルダーのニーズを最大限反映したプログラムでなければ，十分な効果は期待できず，ゴールへの到達も難しい．異なる視点で語られるニーズを総合的に検討することで，プログラムが対応すべき社会的ニーズをより正確に把握することができる（図1-7）．

この調査結果にもとづいて，主に，①プログラムのゴールとそのゴールに到達するために設定している目標がニーズを反映しているかと，②アウトカムおよび活動とニーズとの関連性を検討する．

セオリー評価ではプログラム理論をロジックモデルで表現し，そこに描かれた矢印，すなわち仮定がどれだけ想定どおりに進んでいるか，もしくはどの部分が進んでいないかを確認していく．それがたとえ実施中の，まだ終わっていないプログラムであっても，ロジックモデルにはゴールが存在し，評価者もゴールまでのことを考えて現状と照らし合わせていくのである．

プロセス理論では，ゴールに到達するための手段がうまく機能しているかに

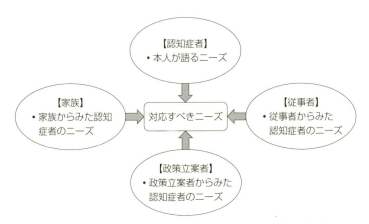

図1-7 認知症者のニーズを把握するための複数の視点
出所：筆者作成．

ついて，活動領域，すなわち担当機関を対象とする調査を行う．ニーズを反映したプログラムであっても，サービスを提供する活動が十分に機能していなければ，アウトプット以降の過程につながらない．そのため，この調査では主に，① 仕事の内容と資源の充足度，② 適切な活動ができないならその原因は何か，を明らかにする．これによって，投入からアウトプットまでのプロセス理論が確認できる．

以上の，ニーズ調査にもとづくインパクト理論の検討と，活動領域の調査にもとづくプロセス理論の検討を行うことによって，プログラム全体の整合性をみることができる．

（3）本章で明らかになったこと

本章では，日本の福祉分野における評価研究の現状と，諸外国および韓国のセオリー評価に関連する先行研究の知見を参考に，実施中のプログラムである3次計画に適用しうるセオリー評価の理論枠組みを導き出した．これによって明らかになったことと，本研究で実施するセオリー評価の具体的な手続きと分析枠組みに関して得られた示唆をまとめる．

まず，評価研究の問題点として以下の4点を指摘できる．

第1に，近年は福祉分野の研究でもエビデンスが重要視され，エビデンス形成のツールのひとつである「評価」の重要性も強調されてはいるが，福祉分野

における評価研究は依然として低調なことである［大島 2014］.

　第2に，プログラムを評価する主要な目的の1つは，その改善に役立つ情報を得ることである［Rossi, Lipsey and Freeman 2004］が，現在の多くの評価は「投入→結果」中心の数値だけによる業績測定であり，プログラムが失敗した原因の解明や，その改善に役立つ情報を得るには不十分である.

　第3に，「結果」が「成果」に至ったかの因果関係をクライアントの立場から確認できるような測定が重視されていない点が問題である.

　第4に，従来の評価は，プログラムの妥当性の検討において帰属的・事後的性格が強く，インパクト理論の効果の測定に注目する. 具体的には，プログラム実施後，インパクト理論どおりに実施され，その結果がどうかを確認する事後的評価の色彩が強いといえる.

　セオリー評価の現状については，以下の3点を指摘できる.

　第1に，セオリー評価はプログラムの開発のために行われることが多く，実施中のプログラムを改善するためのセオリー評価は，可能であるとはされているものの，実際にはほとんど行われていないことである.

　第2に，経験的要素による検証が少なく，先行研究の多くが，ロジックモデルを作成して，その分析を行うに留まっていることである.

　第3に，ニーズへの関心が希薄なことである.

　以上の問題点を克服するため，本章では，① 実施中のプログラムにセオリー評価を適用する場合の理論的枠組みを明確化するとともに，② プログラムの実施中でも可能な，結果の信頼性を高めるための調査枠組みを提示した. 多くは Rossi, Lipsey and Freeman［2004］に依拠しているが，これによって期待できるのは，プログラムを改善するための，より実用的な情報である. たとえば活動を検討する場合，プログラム評価の第3段階であるプロセス評価は，現状を把握し，問題点を明らかにすることだけを目的とする. これに対してセオリー評価は，評価時点の活動だけでなく，投入が足りているか，アウトプットにうまくつながるか，アウトカムを生み出せるかなど，プログラムの全体を検討できる. つまり，プログラムのどこをどう改善すればいいか，より具体的な情報が得られるのである（図1-8）.

　本研究の目的は，実施中の3次計画の見直しである. 評価時点は5年計画の2年目であり，投入も活動もアウトプットも結果として少しずつ確認できる時期である. この段階でのセオリー評価は，プログラムの改善を目的とする形成

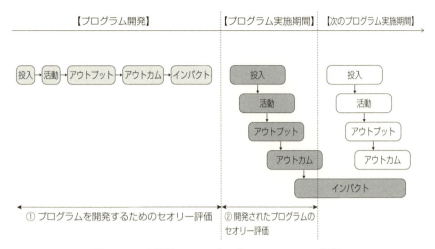

図1-8 時間軸でみるプログラムとセオリー評価
出所：筆者作成.

的評価であり，評価時点からは中間評価と位置づけられる．

　政策の構成要素と分析視点は多岐にわたっており，一般化して適用できる評価枠組みを提示することは難しい．それぞれの目的に合った評価方式と，それぞれのプログラム理論に合った評価設計が求められる．本章は，3次計画の見直しに向けて適用可能な評価理論の枠組みをまとめたものである．評価は，実際に行い，有益な情報が得られてこそ意味がある．ここで得られた知見を参考に，3次計画のセオリー評価を行うこととしたい．

　注
　1) これについて，イソクミン［2010］はScriven［2003］，Stufflebeam and Shinkfield［2007］にもとづいてさらに詳細に説明している．
　2) 「セオリー評価」と称してはいないがロジックモデルを活用した評価研究を含む．

第2章　3次計画のプログラム理論と評価設計

　本章には，大きく分けて2つの目的がある．

　第1の目的は，3次計画のプログラム理論を明示することである．そのため，1～5節において，3次計画の詳細を説明するとともに，そこに内在するプログラム理論を抽出し，ロジックモデルを作成する．本研究が扱う3次計画のように，実施中のプログラムについては，そこに内在する固有の理論を抽出する作業が特に重要である．

　第2の目的は，第1章で行ったセオリー評価の理論的検討にもとづいて，本研究の評価設計を確定することである．そのうえで，3次計画とともに発表された評価指標の限界をどのように乗り越えられるか，追加的に検討する．

1．3次計画の概要

（1）痴呆管理法にもとづく総合計画

　韓国では，認知症問題への対応に特化した法律として，2011年8月に痴呆管理法が制定された．その第1条には，「痴呆の予防，痴呆患者の診療・療養および痴呆退治のための研究等に関する政策を総合的に樹立・施行することで，痴呆による個人的苦痛と被害および社会的負担を減らし，国民健康増進に寄与することを目的とする」と記されている［法制処 2016b］．介護に関する老人長期療養保険法があるにもかかわらず，この法律ができた背景には，認知症問題を介護の問題に限定せず，政策を総合的に樹立・施行する必要があったと思われる．

　第6条には，「国家痴呆管理委員会の審議を経て痴呆管理に関する総合計画を5年ごとに樹立しなければならない」とあり，総合計画には次の内容が含まれなければならないとしている．

1．痴呆の予防・管理のための基本的な施策
2．痴呆検診事業の推進計画と推進方法
3．痴呆患者の治療・保護と管理
4．痴呆に関する広報・教育
5．痴呆に関する調査・研究および開発
6．痴呆の管理に必要な専門人材の育成
7．痴呆患者の家族のためのサポート
8．その他痴呆の管理に必要な事項

　また第6条は，「関係中央行政機関の長，市・道知事および市長・郡守・区庁長は，総合計画にもとづいて毎年認知症の管理に関する実施計画を樹立・施行および評価しなければならない」とも定めている．

　痴呆管理法は2014年12月に改正され，① 痴呆患者家族の負担緩和のための努力と痴呆と痴呆予防に対する理解を高めるための施策を設ける，および施行（第3条），② 痴呆患者の家族のための相談および教育プログラム開発・普及などの支援（第12条），③ 中央痴呆センターと広域痴呆センターの設置および運営関連（第16条），④ 痴呆患者とその家族，一般国民に専門的で体系的な痴呆相談サービスを提供するための痴呆相談コールセンターの設置および運営（第17条）などが定められた．痴呆患者家族の扶養負担を軽減し，痴呆患者家族への支援と教育，大衆の認識改善を，国家と地方自治体の義務として強調し，広域痴呆センターや痴呆相談コールセンターによる痴呆管理伝達体系（デリバリーシステム）を強化する法的根拠を設けたものである．

　また，韓国では日本の介護保険制度に相当する老人長期療養保険制度が2008年7月に開始された．

　この制度で要介護認定を受けて利用できるサービスは，入所サービス，在宅サービス，特別現金給付（家族療養費）の3つに大別できる．

　サービスを提供する長期療養機関には，施設給付提供機関と在宅給付提供機関がある．施設に入所してサービスを受けられるのは要介護1～2等級の者であるが，3～5等級でも同一世帯の構成員による介護が困難な場合や，住居環境が劣悪であるなど，特別な事由がある場合は利用できる．入所施設には，定員5～9人のグループホームと10人以上の療養施設がある．

　在宅サービスには，① 長期療養機関のケアワーカーが自宅を訪問し，身体

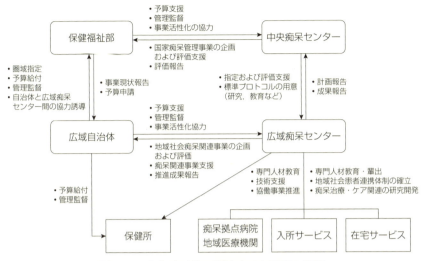

図2-1　認知症政策に関連する各機関の関係

出所：保健福祉部［2016：510］.

活動および家事活動を支援する訪問療養と，② 要介護5等級の者を対象に，認知刺激および残存能力の機能維持向上を目的として，一緒に料理をする，服をたたむなどの社会活動訓練を提供する認知活動型訪問療養，日本のデイサービスに相当する ③ 昼・夜間保護と ④ 訪問入浴，⑤ 訪問看護，⑥ 月15日間のショートステイ，⑦ 福祉用具の貸与がある．

　日本にはない特別現金給付（家族療養費）は，介護認定者が特定の理由によりサービスを受けられない場合，家族による介護に対して訪問療養に相当する額を支給する制度である．

　痴呆管理法と老人長期療養保険法などによる事業および各機関の関係を図2-1に示す．

（2）4つの目標・10の領域・38の課題

　3次計画策定のための事前企画研究は2014年10～12月に，本研究は2015年5～10月に実施された．2015年6月の専門家会議，7月の自治体懇談会，9月の部内外意見照会，10月の関連機関団体・協会および専門家の意見集約を経て，2015年12月17日に保健福祉部が開催した国家痴呆管理委員会で3次計画が確定．

表2-1　3次計画の予算案

（単位：億ウォン）

	配分	2016	2017	2018	2019	2020	小計	合計
Ⅰ. 地域社会中心の痴呆予防および管理	国　費	95.3	108.4	115.9	125.2	131.5	576.3	935.8 (19.5%)
	地方費	59.3	65.6	71.9	78.2	84.5	359.5	
Ⅱ. 平安で安全な痴呆患者診断・治療・ケアサービス提供	国　費	221.1	243.8	252.8	257.4	271.4	1246.5	2,405.0 (50.0%)
	地方費	216.5	223.0	231.0	237.0	251.0	1158.5	
Ⅲ. 痴呆患者家族の扶養負担軽減	国　費	51.7	80.8	100.0	106.5	121.5	460.5	600.3 (12.5%)
	地方費	14.4	22.7	31.0	32.7	39.1	139.8	
Ⅳ. 研究・統計および技術を通じたインフラ拡充	国　費	138.4	168.6	177.5	191.0	190.7	866.2	866.2 (18.0%)
	地方費	—	—	—	—	—	—	

• 国費合計：3,149.5　　• 地方費合計：1,657.8　　• 総合計：4,807.3

出所：保健福祉部［2015c］を筆者再構成.

発表された.

　3次計画の作成にあたっては，OECDとWHOが提示した「10大核心目標」を参考にしたとされている．また，公開された計画には，3次計画の取り組み，予算案，評価指標などが含まれている．計画推進期間（2016～2020年）の総予算は約4807億ウォン（国費と地方費）の予定である（表2-1）．保健福祉部は3次計画の実効性を確保するため，分野別に主要な指標を選定し，5年後の目標値を設定した．また，3年間の実施状況をもとに，2018年に政策課題，成果指標などを見直すこととした．

　3次計画は「痴呆患者と家族が地域社会で平安で安全に暮らせる社会具現」をゴールとし，これを実現するために，「Ⅰ. 地域社会中心の痴呆予防および管理」「Ⅱ. 平安で安全な痴呆患者診断・治療・ケアサービス提供」[1]「Ⅲ. 痴呆患者家族の扶養負担軽減」「Ⅳ. 研究・統計および技術を通じたインフラ拡充」という4つの目標を掲げ，その下に10の領域，38の課題を設定している（表2-2）．

　3次計画の特徴は，1次から続く認知症総合計画で初めて「地域社会」という用語を使用し，ゴールの「痴呆患者と家族が地域社会で平安で安全に暮らせる社会具現」のため，地域を基盤にした，認知症の正しい理解のための取り組みや，予防・早期発見，医療・ケアの連携を重視していることである．いくつか例を挙げると，予防・早期診断の効率化を図るため，痴呆相談センターの力

表2-2 3次計画の構成

4つの目標	10の領域	38の課題
Ⅰ．地域社会中心の痴呆予防および管理	1．生活のなかの痴呆予防実践支援（対象：全国民）	(1) 痴呆発生危険要因の事前管理（痴呆予防）支援
		(2) 痴呆予防実践指数開発および痴呆予防習慣自己管理支援
		(3) 健康老人認知訓練および痴呆予防コンテンツの開発・拡散
	2．痴呆に対する否定的認識の改善および痴呆親和的環境の醸成（対象：全国民）	(1) 全国民対象の痴呆教育実施および認識向上
		(2) 痴呆パートナーズ50万人募集・拡散
		(3) 痴呆安心村運営
		(4) 痴呆認識改善活動および行事支援
		(5) 痴呆に関する否定的法令および社会的用語の整備
	3．3大痴呆高危険群管理および持続的な痴呆早期発見支援（対象：高危険群）	(1) 痴呆相談センター中心の痴呆発生3大高危険群管理
		(2) 持続的な痴呆早期発見支援（国民健康検診の認知検査ツール改良，痴呆早期検診事業実施）
		(3) 痴呆相談センターの力量強化
Ⅱ．平安で安全な痴呆患者診断・治療・ケアサービス提供	1．地域社会中心の痴呆治療・管理体系確立および専門性向上（対象：軽症・中等度痴呆）	(1) 痴呆検査項目への給付拡大
		(2) 地域社会痴呆治療管理体系の確立（痴呆家族相談報酬新設，痴呆診療薬剤費支援）
		(3) 公立療養病院中心の痴呆専門病棟運営
		(4) 痴呆診療指針標準化および痴呆類型別診療ガイドライン提供
		(5) 痴呆非薬物治療法の開発および実用化支援
		(6) 痴呆関連従事者の治療・ケア専門性向上（医師・看護師・療養保護士などの専門教育および履歴管理支援）
	2．痴呆患者在宅および施設ケア支援（対象：軽症・中等度・重症痴呆）	(1) 長期療養5等級制度の改善（対象者選定の客観性強化，認知活動型プログラムの効果性評価，家事サービス支援方法の検討など）
		(2) 療養施設・デイサービスセンターにおける痴呆ユニット設置・運営
		(3) 痴呆老人カスタマイズ型老人長期療養サービス提供マニュアルの開発・普及

		(4) 痴呆患者カスタマイズ型在宅サービスの多様化（24時間短期訪問療養サービス，療養・看護統合型在宅サービスなど）
		(5) 痴呆老人転倒防止および住居環境指針開発
		(6) 痴呆老人失踪予防のための徘徊認識票などの広報拡大
	3．重症・生涯末期痴呆患者の権利保護および虐待防止などの支援体系確立（対象：重症痴呆）	(1) 低所得独居痴呆患者を対象とする公共後見人制度の導入検討
		(2) 痴呆患者虐待防止のための従事者教育およびモニタリング強化
		(3) 痴呆患者生涯末期包括支援体系確立のための底辺拡大（後期医療およびケア関連教育課程の開発および拡散）
Ⅲ．痴呆患者家族の扶養負担軽減	1．痴呆患者をケアする家族のための相談・教育・自助グループなどの支援	(1) オン・オフライン痴呆家族痴呆教育の実施
		(2) オン・オフライン痴呆家族相談および自助グループ活性化支援
		(3) 痴呆相談コールセンター（1899-9988）を活用したカスタマイズ相談サービスの提供および相談力量の強化
	2．痴呆患者家族の介護負担軽減のための社会的資源の拡大	(1) 痴呆家族オンライン自己心理検査支援および相談・事例管理支援
		(2) 痴呆家族旅行（バウチャー）および余暇生活（社会・老人福祉館利用）支援
		(3) 痴呆家族への社会福祉機関文化余暇サービス利用支援
	3．痴呆患者家族の介護負担軽減のための経済的支援拡大	(1) 年末調整時における痴呆患者人的控除の広報
		(2) 痴呆患者家族の就労支援事業連携
Ⅳ．研究・統計および技術を通じたインフラ拡充	1．研究・統計および技術を通じたインフラ拡充	(1) 痴呆関連研究における統計管理力量の強化（国内外の趨勢・需要予測および計画作成，痴呆研究・統計年報発刊など）
		(2) 痴呆診断・治療などのための映像，バイオマーカー，治療剤開発などのための臨床研究実験の拡大
		(3) 根拠基盤痴呆管理政策樹立のための痴呆政策研究の拡大
		(4) 便利な技術の開発を通じた痴呆患者家族支援

出所：保健福祉部［2015c］を筆者再構成.

量強化に重点をおいている．また，診断・治療・ケアの統合という柱を新設し，痴呆重症度別の治療・ケアにおける患者の権利・安全を守るとともに，病院での相談報酬を新設した．さらに，家族の扶養負担軽減を単独の柱で強調し，そのための取り組みを情報，心理，経済，資源など多面的に支援するとしている．研究，データベース管理，技術開発を単独の柱として設定しているのも3次計画が最初である．

╋ 2．ロジックモデルを描く

（1）目標Ⅰのロジックモデル

ここから，3次計画の4つの目標ごとに具体的な内容を紹介し，それをもとに作成したロジックモデルを提示する．3次計画のプログラム理論は暗黙的であるため，まずはロジックモデルを作成することによって明示化する必要がある．

3次計画の大半を占めるのは，投入に相当する予算案および関連機関と，何々を実施するという活動に関する記述である．そのため，これらをロジックモデルの「投入」と「活動」に配置した．表2-2の「38の課題」を，ロジックモデルでは「活動」に細分化し，領域ごとに丸数字で番号をつけている．

一方，3次計画にはアウトプットとアウトカムがほとんど明示されていない．そこで，「アウトプット」は，活動についての説明とともに記されている目標・結果を参考にした．「アウトカム」は，「……のために」という記述の「……」を抽出し，短期・中期・長期に分けて配置した．また，書かれてはいないが個々の活動によって期待されるアウトカムを付け加えた．

これらは筆者の判断によるものであり，政策立案者の想定どおりに記述できているか，この段階ではまだ確認されていない．そこで，3次計画の策定に携わった責任研究者に協力を求め，平均して1時間半の面談4回（韓国で2回，日本で2回）と，メール，SNSによるやりとりを通じて，段階的に以下のような修正を加えた．

最初の面談では，筆者が作成したロジックモデルについて，アウトカムにおける短期・中期・長期への振り分けと，活動からアウトプット，アウトカムに至る矢印の接続に誤りがあること，また，そもそも想定されていない，つまり削除すべきアウトカムや，表現を変更すべきアウトカムがあることを指摘され，

必要な修正を加えた.

2回目の面談では，それまで3次計画の記述に依拠していたアウトプットに関して，個々の活動の結果として表現すべきではないかという指摘があり，それにもとづいて必要な修正を加えた.

3回目の面談では，主にインプットに関する検討を行った．3次計画の予算はまだ確定しておらず，目標ごとの5年間のおおまかな金額が示されているにすぎない．そこで，責任研究者の意見をふまえ，目標ごとに投入される人的・物的なインフラを加えることとした.

4回目の面談では，活動を細分化しすぎているという指摘を受け，3次計画の意図する構成に近づくよう修正を加えた.

このような面談とメールなどのやりとりを重ね，計画策定時の想定を最大限かつ正確に反映するよう修正を施していった．最後に，責任研究者による確認を得て，3次計画のロジックモデルを確定した.

目標Ⅰ「地域社会中心の痴呆予防および管理」は，3つの領域と11の課題で構成されている．これに実施予定を加えたのが**表2-3**である．この表をみると，11の課題のうち6つが「継続」である.

目標Ⅰのロジックモデルを**図2-2**に示す．アウトカムは短期・中期・長期の3段階となっており，作図の都合上省略したが，長期アウトカムのそれぞれ右側にも，3次計画全体のゴール「社会具現」につながる矢印がある（目標Ⅱ〜Ⅳのロジックモデルも同様）.

（2）目標Ⅱのロジックモデル

目標Ⅱ「平安で安全な痴呆患者診断・治療・ケアサービス提供」は，3つの領域と15の課題で構成されている（表2-4）．これにもとづいて作成したロジックモデルを**図2-3**に示す.

（3）目標Ⅲのロジックモデル

目標Ⅲ「痴呆患者家族の扶養負担軽減」は，3つの領域と8つの課題で構成されている（表2-5）．これにもとづいて作成したロジックモデルを**図2-4**に示す．目標Ⅲのロジックモデルで特徴的なのは，すべての取り組みが長期アウトカム「痴呆患者家族の生活の質の向上」に収束していることである.

（4）目標Ⅳのロジックモデル

　目標Ⅳ「研究・統計および技術を通じたインフラ拡充」は，1つの領域と4つの課題で構成されている（表2-6）．これにもとづいて作成したロジックモデルを図2-5に示す．目標Ⅳも，すべての取り組みが長期アウトカム「国家痴呆管理力量および産業競争力の強化」に収束している．投入の部分をみると，5年間の予算866.2億ウォンをすべて国費で賄うことになっている．

表2-3　目標Ⅰの概要と実施予定

領域・課題	実施予定				
	2016	2017	2018	2019	2020
1．生活のなかの痴呆予防実践支援（対象：全国民）					
(1) 痴呆発生危険要因の事前管理（痴呆予防）支援	継続	拡散			
(2) 痴呆予防実践指数開発および痴呆予防習慣自己管理支援	開発・拡散	拡散			
(3) 健康老人認知訓練および痴呆予防コンテンツの開発・拡散		開発・拡散	開発・拡散	開発・拡散	拡散
2．痴呆に対する否定的認識の改善および痴呆親和的環境の醸成（対象：全国民）					
(4) 全国民対象の痴呆教育実施および認識向上	継続				
(5) 痴呆パートナーズ50万人募集・拡散	継続				
(6) 痴呆安心村運営		モデル事業	拡散		
(7) 痴呆認識改善活動および行事支援	継続				
(8) 痴呆に関する否定的法令および社会的用語の整備	法令整備	基準研究	基準整備		
3．3大痴呆高危険群管理および持続的な痴呆早期発見支援（対象：高危険群）					
(9) 痴呆相談センター中心の痴呆発生3大高危険群管理	継続				
(10) 持続的な痴呆早期発見支援（国民健康検診の認知検査ツール改良，痴呆早期検診事業実施）	ツール改良				
(11) 痴呆相談センターの力量強化	継続				

出所：保健福祉部［2015c］．

表 2 - 4　目標Ⅱの概要と実施予定

領　域・課　題	実施予定				
	2016	2017	2018	2019	2020
1．地域社会中心の痴呆治療・管理体系確立および専門性向上（対象：軽症・中等度痴呆）					
(1) 痴呆検査項目への給付拡大	給付導入				
(2) 地域社会痴呆治療管理体系の確立（痴呆家族相談報酬新設，痴呆診療薬剤費支援）		報酬新設			
(3) 公立療養病院中心の痴呆専門病棟運営	モデル開発	モデル運営	報酬導入		
(4) 痴呆診療指針標準化および痴呆類型別診療ガイドライン提供		開発	開発	拡散	
(5) 痴呆非薬物治療法の開発および実用化支援	開発	開発	開発	開発	開発
(6) 痴呆関連従事者の治療・ケア専門性向上（医師・看護師・療養保護士などの専門教育および履歴管理支援）	継続				
2．痴呆患者在宅および施設ケア支援（対象：軽症・中等度・重症痴呆）					
(7) 長期療養5等級制度の改善（対象者選定の客観性強化，認知活動型プログラムの効果性評価，家事サービス支援方法の検討など）	制度改善				
(8) 療養施設・デイサービスセンターにおける痴呆ユニット設置・運営	導入	拡散			
(9) 痴呆老人カスタマイズ型老人長期療養サービス提供マニュアルの開発・普及	開発	拡散			
(10) 痴呆患者カスタマイズ型在宅サービスの多様化（24時間短期訪問療養サービス，療養・看護統合型在宅サービスなど）	モデル事業	導入	拡散		
(11) 痴呆老人転倒防止および住居環境指針開発	開発	拡散			
(12) 痴呆老人失踪予防のための徘徊認識票などの広報拡大	継続				
3．重症・生涯末期痴呆患者の権利保護および虐待防止などの支援体系確立（対象：重症痴呆）					
(13) 低所得独居痴呆患者を対象とする公共後見人制度の導入検討	導入検討	モデル事業			
(14) 痴呆患者虐待防止のための従事者教育およびモニタリング強化	継続				
(15) 痴呆患者生涯末期包括支援体系確立のための底辺拡大（後期医療およびケア関連教育課程の開発および拡散）			開発	拡散	

出所：保健福祉部［2015c］.

第2章　3次計画のプログラム理論と評価設計　　*53*

表2-5　目標Ⅲの概要と実施予定

領　域・課　題	実施予定				
	2016	2017	2018	2019	2020
1．痴呆患者をケアする家族のための相談・教育・自助グループなどの支援					
(1) オン・オフライン痴呆家族痴呆教育の実施	継続				
(2) オン・オフライン痴呆家族相談および自助グループ活性化支援	継続				
(3) 痴呆相談コールセンター（1899-9988）を活用したカスタマイズ相談サービスの提供および相談力量の強化	継続				
2．痴呆患者家族の介護負担軽減のための社会的支援の拡大					
(4) 痴呆家族オンライン自己心理検査支援および相談・事例管理支援		システム開発			
(5) 痴呆家族旅行（バウチャー）および余暇生活（社会・老人福祉館利用）支援	モデル開発・法改正	導入・拡散			
(6) 痴呆家族への社会福祉機関文化余暇サービス利用支援	法改正	拡散			
3．痴呆患者家族の介護負担軽減のための経済的支援の拡大					
(7) 年末調整時における痴呆患者人的控除の広報	継続				
(8) 痴呆患者家族の就労支援事業連携	継続				

出所：保健福祉部［2015c］.

表2-6　目標Ⅳの概要と実施予定

領　域・課　題	実施予定				
	2016	2017	2018	2019	2020
1．研究・統計および技術を通じたインフラ拡充					
(1) 痴呆関連研究における統計管理力量の強化（国内外の趨勢・需要予測および計画作成，痴呆研究・統計年報発刊など）	樹立	発刊		発刊	
(2) 痴呆診断・治療などのための映像，バイオマーカー，治療剤開発などのための臨床研究実験の拡大	継続				
(3) 根拠基盤痴呆管理政策樹立のための痴呆政策研究の拡大	継続				
(4) 便利な技術の開発を通じた痴呆患者家族支援	継続				

出所：保健福祉部［2015c］.

54

図2-2 目標Ⅰ「地域社会中心の痴呆予防

	投　入	活　動	アウトプット
1 （対象：全国民） 生活の中の痴呆予防実践支援	【2016年～2020年度予算総額】 国　費：576.3億ウォン 地方費：359.5億ウォン 合計：935.8億ウォン（19.5％）	①痴呆予防心得333および生涯周期別実践心得の広報拡大	痴呆予防心得333および生涯周期別実践心得の普及
		②痴呆予防運動法の改善および全国的普及	痴呆予防運動を実施する健康百歳運動教室数4300か所
		③長期療養機関用脳健康運動の開発・普及	脳健康運動を導入した長期療養機関数
	関連機関：敬老堂，保健所，老人福祉館，長期療養機関	④高血圧・糖尿病登録管理事業（医院レベルでの慢性疾患管理事業を通じた自己管理支援）	慢性疾患を有する者の医院での登録率
		⑤痴呆予防実践指数の開発およびインターネット・アプリケーションの普及	痴呆チェックアプリに痴呆予防実践指数を活用した痴呆予防アプリを搭載
	関連機関：中央痴呆センター，日刊紙，保健福祉部，痴呆情報365ホームページ	⑥認知機能プログラム「ドキドキ脳運動」コンテンツの拡充および普及拡大	「ドキドキ脳運動」の教材4冊発刊
2 （対象：全国民） 痴呆に対する否定的認識の改善および痴呆親和的環境の醸成	関連機関：小学校，中学校，高校，大学，一般企業，中央痴呆センター	①教育課程・体験活動・ボランティアなどを活用した学生・父母・教師対象の痴呆教育の実施	痴呆克服先導学校（小・中・高校）の拡大
		②大学内での痴呆専門教育課程の開設および運営	痴呆克服先導大学の拡大
		③大衆へのオンライン痴呆専門教育の提供	中央痴呆センターのホームページおよびSNSに痴呆オンライン大衆講座を開設および10万人受講
		④職場内教育・社内放送	社内痴呆教育を導入する職場の拡大
	関連機関：中央痴呆センター	⑤痴呆患者・家族支持活動およびボランティアを遂行する痴呆パートナーズの募集拡大	痴呆パートナーズ50万人の養成管理
	関連機関：警察，銀行，官公庁，社会福祉施設・交通機関従事者，宗教関係者，医療関係者など	⑥痴呆安心村の運営計画樹立およびモデル事業	全国51の地域社会必須サービス供給者を痴呆パートナーズに養成し痴呆患者を支援
	関連機関：学校，病院，老人福祉館，中央痴呆センター，保健福祉部，広域自治体	⑦痴呆克服の日（9.21）の行事を活用した，自治体別の学校・病院・老人福祉館など民間資源の連携	自治体別に痴呆克服の日の行事を開催
		⑧痴呆克服ウォーキング大会／痴呆管理ワークショップなど中央—広域共通スローガンの下での認識改善活動	痴呆克服ウォーキング大会および痴呆管理ワークショップの開催
	関連機関：道路交通公団	⑨法令・規定・社会的表現，不正確・不適切な痴呆関連用語の是正	法令および規定の改正の有無
		⑩痴呆の重症度や身体・認知機能に応じた機会（運転・勤労など）制限の合理的基準づくり	高齢運転者に適合した認知機能検査ツールの開発および標準化

および「管理」のロジックモデル

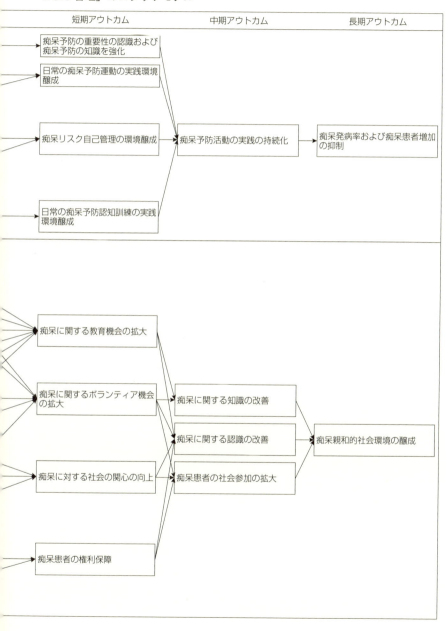

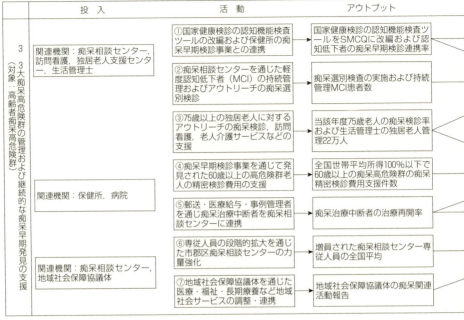

出所：3次計画にもとづいて筆者作成．

第2章 3次計画のプログラム理論と評価設計

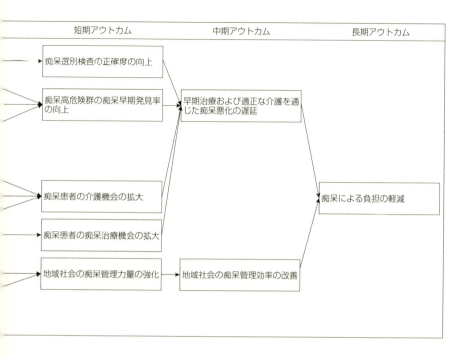

図2-3　目標Ⅱ「平安で安全な痴呆患者診断・治療・

	投　入	活　動	アウトプット
1 地域社会中心の痴呆治療・管理体系確立および専門性向上 （対象：軽症・中等度痴呆）	2016年～2020年度予算総額 国　費：1246.5億ウォン 地方費：1158.5億ウォン 合計：2405.0億ウォン（50.0%） 関連機関：保健福祉部，保健所，公立療養病院	①痴呆精密検診の一部非給付項目の給付化 ②保健所登録痴呆患者への痴呆診療薬剤費支援 ③痴呆家族相談報酬の新設 ④公立療養病院痴呆拠点病院の指定および痴呆専門病棟運営モデルの開発およびモデル事業 ⑤痴呆診療指針の標準化および体系的痴呆類型別診療ガイドラインの提供 ⑥根拠中心痴呆非薬物治療法の開発および実用化の支援 ⑦痴呆関連従事者専門教育課程の運営充実	神経認知検査（CERAD-K, SNSB）の健康保険給付転換 全国世帯平均所得100%以下の痴呆確定診断者に痴呆診療薬剤費を支援（月3万ウォン以内の実費） 痴呆家族相談報酬の適用 痴呆拠点病院の痴呆専門病棟運営報酬の施行およびモニタリング体系の構築 メタ分析および体系的考察を基盤とする指針の開発および関連学会による検証 痴呆段階別非薬物治療法の開発と遂行人材教育課程の開発を並行 従事者職務教育課程の開発提供および痴呆専門教育履歴管理システムの充実
2 痴呆患者在宅および施設ケア支援 （対象：軽症・中等度・重症痴呆）	関連機関：保健福祉部，老人長期療養保険機関，保健所，警察署，中央痴呆センター	①長期療養5等級制度の改善 ②療養施設およびデイサービスセンター内で痴呆専門療養サービスを提供 ③痴呆患者カスタマイズ療養サービスの提供マニュアルの開発普及 ④痴呆老人転倒防止および住居環境指針の開発 ⑤痴呆患者カスタマイズ在宅サービスの多様化 ⑥痴呆老人失踪予防の支援強化	対象者選定の客観性強化（診療, 投薬記録を活用） 認知活動型プログラムの効果性の評価 家事サービスの支援 環境改善と専門人員の配置を通じたカスタマイズプログラムの提供 療養施設従事者のための関連教材の開発および教育 痴呆老人転倒防止および住居環境指針の普及 長期療養1, 2等級重症受給者対象の24時間訪問療養サービスの実施（年間6日以内） 徘徊認識票および徘徊感知器の広報拡大と関連機関の共助体系強化

第 2 章　3 次計画のプログラム理論と評価設計　59

ケアサービス提供」のロジックモデル

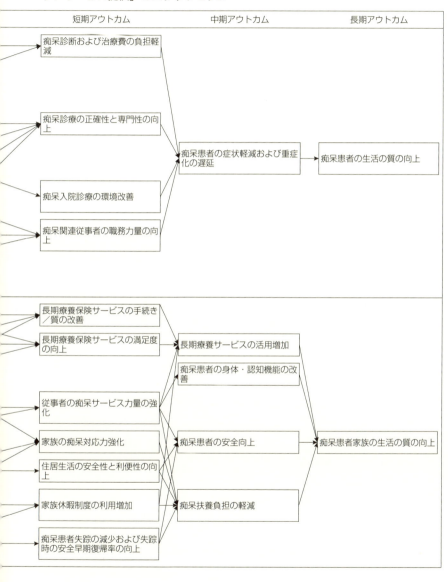

	投　入	活　動	アウトプット
3 重症・生涯末期痴呆患者の権利保護および虐待防止などの支援体系確立（対象：重症生涯末期痴呆）	関連機関：保健福祉部，自治体，老人長期療養保険機関，老人保護専門機関，中央痴呆センター	①低所得独居痴呆患者対象の公共後見制度の導入検討	痴呆管理法の支援根拠を用意
			公共後見支援事業の実施の検討（後見審判手続きの支援，後見活動の支援，モニタリングなど）
			後見制度の教育広報の拡大（中央・広域痴呆センター，痴呆相談コールセンター，老人保護専門機関など）
		②施設従事者に対する人権教育，人権マニュアルの作成と配布および人権ガードの配置	施設従事者に対する人権教育，人権マニュアルの作成配布および人権ガードの配置
			虐待事例調査判定委員会の構成および監督調査権の付与
		③痴呆患者の生涯末期包括的支援体系の構築	生涯末期痴呆患者に対する後期医療および介護教育課程の開発普及
			痴呆を含む非がん性末期患者の家族支援のための5か年総合計画の樹立推進

出所：3次計画にもとづいて筆者作成.

第2章　3次計画のプログラム理論と評価設計

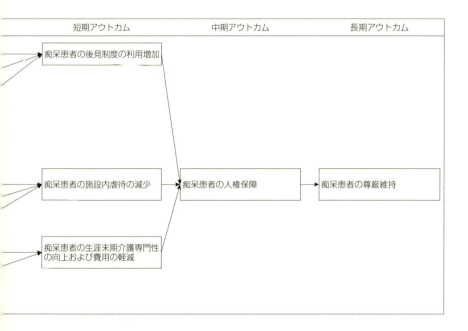

図 2 - 4　目標Ⅲ「痴呆患者家族の

	投　入	活　動	アウトプット
1　痴呆患者をケアする家族のための相談・教育・自助グループなどの支援	2016年〜2020年度予算総額 国　費：460.5億ウォン 地方費：139.8億ウォン 合計：600.3億ウォン（12.5%） 関連機関：中央痴呆センター，精神健康増進センター，老人長期療養保険機関，韓国痴呆協会，痴呆家族協会，痴呆パートナーズ，痴呆相談コールセンター	①オン・オフライン痴呆患者家族痴呆教育の実施	カリキュラム開発および講師育成
			オン・オフライン教育課程共有システムの構築（中央痴呆センターのホームページ）
			家族相談支援モデル事業の段階的拡大（精神健康増進センター7か所，長期療養センター5か所）
			痴呆関連機関団体を通じた痴呆患者家族の教育・相談（韓国痴呆協会，痴呆家族協会など）
		②オン・オフライン痴呆患者家族自助会の活性化	ウェブ・アプリ・電話の統合自助会支援システムの運営（中央痴呆センターのホームページー同行アプリーコールセンター）
			自助会1つあたり痴呆パートナーズ5人，痴呆相談コールセンターの担当相談員1人の縁結びサービス
		③痴呆相談コールセンターを通じた24時間痴呆患者家族相談および支援能力の強化	アウトバウンドサービスを通じた痴呆家族自助会の管理
			痴呆政策満足度調査（痴呆患者・家族・関連従事者の意見収集，事業調査およびモニタリングなど）
			ハナロ(ひとつ)サービス（痴呆関連機関への問い合わせ電話に対する勤務時間外代理相談の支援）
2　痴呆患者家族のための社会的支援の介護負担軽減の支援の拡大	関連機関：中央痴呆センター，地域精神健康増進センター，社会福祉館，老人福祉館	①痴呆家族オンラインセルフ心理テストおよび相談の支援	痴呆患者家族のオンライン自己心理検査体系の構築（中央痴呆センターのホームページ）
			地域精神健康増進センターの連携事例管理および相談支援
		②痴呆家族の旅行および余暇生活の支援	痴呆患者と家族に対する旅行バウチャー支援事業モデルの開発および普及（地域自律型）
			デイサービス＋家族文化余暇の複合サービス空間（社会福祉館，老人福祉館を活用）
3　痴呆患者家族のための経済的支援の介護負担軽減の支援の拡大	関連機関：雇用労働部，雇用支援センター，保健福祉部	①痴呆の人的所得控除支援に関する広報強化	年末調整人的所得控除の障害者項目に痴呆患者が含まれることの広報
		②痴呆患者家族の就労支援	時間選択制勤務適用事業所の連携の広報
			雇用部および福祉部などの就業および雇用支援事業の連携の広報

出所：3次計画にもとづいて筆者作成.

第2章 3次計画のプログラム理論と評価設計

「扶養負担軽減」のロジックモデル

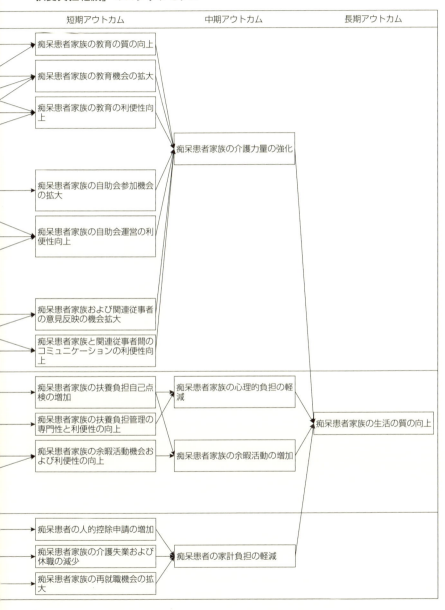

図2-5 目標Ⅳ「研究・統計および技術を通じた

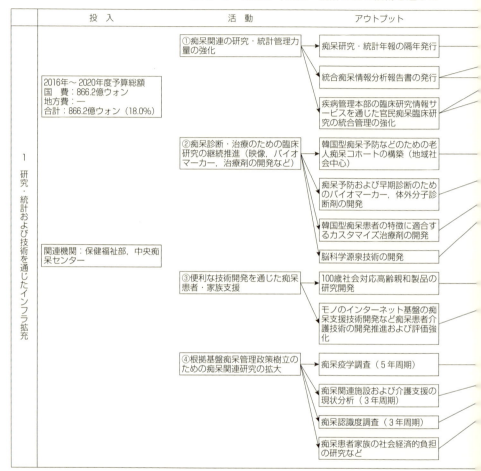

出所：3次計画にもとづいて筆者作成．

第2章　3次計画のプログラム理論と評価設計　65

インフラ拡充」のロジックモデル

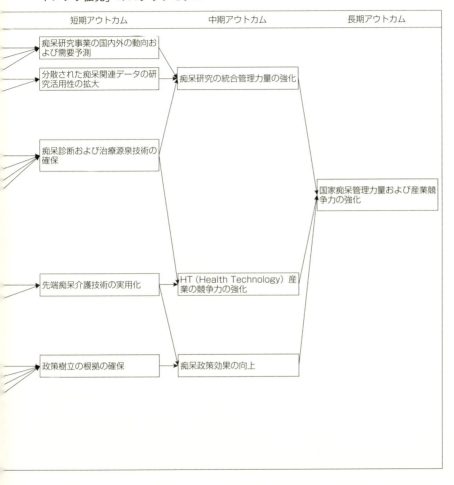

＋ 3．3次計画のプログラム理論

（1）インパクト理論

4つの目標ごとに作成したロジックモデルから，3次計画に明確には記されていないインパクト理論（活動→アウトプット→アウトカム）を概観する[2]．

長期アウトカムは，目標Ⅰの「痴呆有病率および痴呆患者数増加の抑制」「痴呆親和的社会環境の醸成」「痴呆による負担の軽減」，目標Ⅱの「痴呆患者の生活の質の向上」「痴呆患者家族の生活の質の向上」「痴呆患者の尊厳維持」，目標Ⅲの「痴呆患者家族の生活の質の向上」，目標Ⅳの「国家痴呆管理力量および産業競争力の強化」の計8つであるが，このうち，認知症高齢者に直接関わるアウトカムは，目標Ⅰの「痴呆親和的社会環境の醸成」と，目標Ⅱの「痴呆患者の生活の質の向上」「痴呆患者の尊厳維持」のみである．

（2）プロセス理論

次に，プロセス理論（投入→活動→アウトプット）を概観する．

プロセス理論において重要なのは，①目的にかなった機能の明確性と手段の有効性が確保されているかと，②その機能と手段に必要な資源の充足度と活動の適切性を確認することである［Rossi, Lipsey and Freeman 2004］．まず，①について4つの目標それぞれの機能をみると，目標Ⅰは「認識改善」「予防・管理」，目標Ⅱは「治療・管理体系の確立」「従事者の専門性向上」「権利擁護」，目標Ⅲは「扶養負担軽減」，目標Ⅳは「研究・技術の増進」と見なすことがで

表 2 - 7　機能ごとの担当機関

機　　能	担当機関
扶養負担軽減	保健福祉部
認識改善	広域自治体
認識改善，研究・技術の増進	中央痴呆センター
認識改善	広域痴呆センター
予防・管理，認識改善	保健所（痴呆相談センター）
治療・管理体系の確立	拠点病院・療養病院，老人長期療養保険機関

出所：保健福祉部［2015c］を参考に筆者作成.

きる．②については，機能ごとの担当機関は表2-7，各機関の関係は図2-
1を参照されたい．

✛ 4．従来の限界を克服する評価設計

（1）政府による評価指標

　表2-8は，3次計画とともに発表された評価指標である．ここにみられる
とおり，国は多くの項目で実測値と2018年，2020年の目標値を提示している．
これらはアウトプットに関する目標中心評価指標であり，アウトカムが達成さ
れたかを確認できる指標ではない．

　たとえば，認知症者の生活を最も左右する目標Ⅱでは，数値を示しているの
は「身体虐待経験をもつ痴呆老人の比率」だけであり，他は導入などの予定を
示しているにすぎない．これでは認知症者にとって3次計画がどういうもので
あるのかを判断しにくい．目標Ⅱの長期アウトカムである「痴呆患者の生活の
質の向上」「痴呆患者の尊厳維持」などにおいても，測定可能な指標がほとん
ど提示されていないことを指摘できる．

（2）3次計画をどう評価するか

1）研究の手順

　本研究のプロセスは以下のとおりである．

　まず，当事者の視点を重視してセオリー評価を行う手順と評価基準をどのよ
うに設計するかについて，セオリー評価の理論的検討と先行研究のレビューを
行い，本研究で用いるセオリー評価の枠組みを確定した（第1章）．

　本研究で実施するセオリー評価の手順を簡単に説明する（図2-6）．まず，
① 3次計画の記述から，そこに内在しているプログラム理論を抽出する．そ
れをもとに，② 投入→活動→アウトプット→アウトカム→ゴールの各要素で
構成されたロジックモデルを作成する．これは筆者が読み取れる範囲で作成し
たものであるため，③ 計画立案時の仮定がロジックモデルに十分かつ的確に
反映されているかを当時の関係者に確認する．④ このロジックモデルにもと
づいて評価項目を作成する．⑤ ロジックモデルと評価項目を用いてRQ1〜3
を検討する．

表2-8 国による3次計画の評価指標

	成果指標	現在	目標値(2018)	目標値(2020)	主管部署	備　考
共通	痴呆有病率の増加率	(2012-15)2.14%	(2016-18)1.64%	(2018-20)1.14%	保健福祉部	痴呆発生要因の事前管理を通じて痴呆有病率の増加速度低下
	痴呆認識度	64.7点	75点	80点	保健福祉部	全国痴呆認識度調査
目標Ⅰ地域社会	痴呆克服先導中高校および大学の数	11校	80校	160校		2018年　広域別　5校2020年　広域別　10校
	痴呆パートナーズ人数	10万人	30万人	50万人	保健福祉部	―
目標Ⅱ痴呆患者治療ケア	健康保険給付に痴呆家族相談報酬を適用	―	導入	―	保健福祉部	2017年導入
	24時間訪問型療養サービス提供	―	導入	―	保健福祉部	2017年導入
	療養施設，デイサービスセンター内痴呆ユニットの設置・運営	モデル事業	導入	―	保健福祉部	2016年導入
	身体虐待経験をもつ痴呆老人の比率	0.16%	0.13%	0.10%	保健福祉部	虐待被害申告痴呆老人949人（2014）
目標Ⅲ痴呆患者家族	痴呆患者家族の生活の質点数	5.23点	5点	4.7点	保健福祉部	痴呆ケア実態調査ベース（14点満点，低いほどQOLが高い）
	オンラインおよびオフライン自助グループの累積運営チーム数	―	160	320	保健福祉部	2018年　広域別　102020年　広域別　10（世宗・大田は統合）
目標Ⅳ研究統計	痴呆研究・統計年報，痴呆統合情報分析報告書の発刊	―	発刊		保健福祉部	2017年発刊

出所：保健福祉部［2015c］.

図2-6　本研究におけるセオリー評価の手順

出所：Rossi, Lipsey and Freeman［2004］を参考に筆者作成.

表2-9　研究課題と範囲

研究課題	研究範囲
RQ1. 認知症高齢者のおかれた状況（ニーズ）に，3次計画のインパクト理論（アウトカム，活動）が対応しているか．	3次計画全体
RQ2. 3次計画のプロセス理論における欠陥および課題は何か．	3次計画全体
RQ3. 3次計画のうち「在宅ケアサポート」に関するプログラム理論の，ゴールまでの構成は論理性と説得力（plausibility）をもっているか．	3次計画のうち目標Ⅱの在宅ケアサポートに関する内容

2）研究の範囲

RQ1とRQ2は3次計画全体を対象に，RQ3は3次計画のうち「在宅ケアサポート」に関する内容に限定して行う（表2-9）．

3次計画は，図2-7のように「痴呆患者と家族が地域社会で平安で安全に暮らせる社会具現」をゴールとし，そこに到達するための4つの目標，10の領域，38の課題で構成されている．

このうち，RQ3の「在宅ケアサポート」に関する研究の対象となるのは，目標Ⅱの領域④にある2つの課題，領域⑤の6つの課題すべて，領域⑥にある2つの課題である．これら10の課題を図2-8にまとめた．

3）評価方法

国による評価指標の限界を克服するため，本研究で実施するセオリー評価は，Rossi, Lipsey and Freeman［2004］が提示した検証のための2つの視点，①社会的ニーズとの関係から検討し，それらのニーズがプログラム理論に反映されているか，②目指すゴールまでの構成が論理性と説得力（plausibility）をもっているか，を参考にしている．また，インパクト理論とプロセス理論に分けてそれぞれの整合性を検討する．インパクト理論の検討においては認知症者本人のニーズに，プロセス理論においてはアウトプットにいたらない原因を探索することに重点をおく．

具体的には，3つの評価設問を設け，3次計画のセオリー評価を試みる．以下，各評価設問の具体的な評価方法を説明する．

RQ1の評価方法を表2-10に示す．3次計画のインパクト理論を評価する

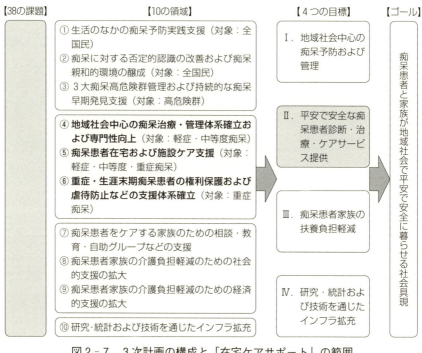

図2-7　3次計画の構成と「在宅ケアサポート」の範囲

ため，ロジックモデルのアウトカムと活動領域に関する評価設問を立て，認知症者，家族，従事者，政策立案者を対象にニーズ調査を実施して，その結果と3次計画との整合性を検討する（第3章参照）．

RQ2の評価方法を表2-11に示す．3次計画のプロセス理論の評価を，自治体ごとの2016年推進成果評価報告書の内容分析によるメタ評価として行う．2016年から実施されている3次計画の最初の1年間の実施状況が記述されている評価報告書から，各自治体が活動を進めるうえでどのような問題を抱えているかを網羅的に把握し，投入からアウトプットにおける課題を検討する（第4章参照）．

RQ3の評価方法を表2-12に示す．RQ3は，評価範囲を在宅ケアサポートに関する内容に限定して行う．その理由は，認知症高齢者のニーズ調査（第3章）によって，認知症者が自宅での暮らしを継続することに強い思いを持っていることが判明し，在宅ケアの充実を図ることの重要性が示唆されたからであ

領域④「地域社会中心の痴呆治療・管理体系確立および専門性向上」にある2つの課題
1．【共通】痴呆非薬物治療法の開発および実用化支援
2．【共通】医師・看護師・療養保護士など従事者の業務に合ったカリキュラムの開発・提供，専門教育および履歴管理支援

領域⑤「痴呆患者在宅および施設ケア支援」の6つの課題すべて
1．【在宅】長期療養5等級制度の改善（対象者選定の客観性強化，認知活動型プログラムの効果性の評価，家事サービス支援案の検討など）
2．【共通】療養施設・デイサービスセンターでの痴呆ユニットの設置・運営
3．【共通】痴呆老人カスタマイズ型老人長期療養サービスの提供マニュアルの開発・普及
4．【在宅】痴呆患者カスタマイズ型在宅サービスの多様化（24時間短期訪問療養サービス，療養・看護統合型在宅サービス，家族教育など）
5．【在宅】痴呆老人転倒防止および住居環境指針の開発
6．【共通】痴呆老人失踪予防のための徘徊認識票などの広報拡大

領域⑥「重症・生涯末期痴呆患者の権利保護および虐待防止などの支援体系確立」にある2つの課題
1．【共通】施設従事者の人権教育，人権マニュアルの作成・配布，老人施設人権おまわりさんの配置，「虐待事例調査判定委員会」を設け監督および調査権を付与
2．【共通】痴呆患者生涯末期の医療・ケアに関連する根拠と教育カリキュラムの開発

【在宅】在宅サービスに関する課題，【共通】在宅と施設に共通する課題

図2-8　3次計画の「在宅ケアサポート」に関する内容

出所：保健福祉部［2015c］を参考に筆者作成．

表2-10　RQ1の評価方法

RQ1．認知症高齢者のおかれた状況（ニーズ）に，3次計画のインパクト理論（アウトカム，活動）が対応しているか．			評価範囲：3次計画全体
ロジックモデルの領域	評価設問	評価項目および評価方法	調査方法
1．アウトカム	プログラムが社会状況にもたらすと期待される効果（アウトカム）が，そうした状況を改善するために必要なことと一致しているか	① 認知症者のニーズ ②3次計画のアウトカム →①と②を比較	ニーズ調査（インタビュー） （対象：認知症者，家族，従事者，政策立案者）
2．活動	現在の活動は，必要なアウトカムを生み出すために適切であるか	① 認知症者のニーズ ②3次計画の活動 →①と②を比較	

表2-11 RQ2の評価方法

RQ2. 3次計画のプロセス理論における欠陥および課題は何か.			評価範囲：3次計画全体
ロジックモデルの領域	評価設問	使用するデータ	評価方法
投入→活動→アウトプット	3次計画のプロセス理論における欠陥および課題は何か	自治体ごとの2016年推進成果評価報告書	内容分析を通して，多くの自治体から言及された活動を集計し，投入→活動→アウトプットにおける各課題をピックアップ・分類

表2-12 RQ3の評価方法

RQ3. 3次計画のうち「在宅ケアサポート」に関するプログラム理論の，ゴールまでの構成は論理性と説得力（plausibility）をもっているか.		評価範囲：3次計画のうち在宅ケアサポートに関する内容
ロジックモデルの領域	評価設問	評価項目および評価方法
1. アウトカム	プログラムが社会状況にもたらすと期待される効果（アウトカム）が，そうした状況を改善するために必要なこと（ニーズ）と対応しているか.	① 認知症高齢者のニーズと3次計画の在宅ケア関連で想定されているアウトカムとの対応状況を検討
2. 活動	3次計画の活動は，認知症高齢者のニーズに対応しているか.	② 認知症高齢者のニーズと3次計画の活動との対応状況を検討
	3次計画の活動は，アウトカムを生み出すための有効な手段として構成されているか.	③ 3次計画の在宅ケア関連で想定されているアウトカムに関する活動構成の適切さ
3. 投入，活動→アウトプット	アウトプットを生み出すための適切な活動ができないなら，その原因は何か.	④ • サービス提供上の問題点 • クライアントの利用状況と利用を妨げる要因
4. 活動の見直し	認知症高齢者のニーズをふまえ，優先して見直すべき活動は何か.	⑤ ニーズと改善策（活動）との関連性

調査方法：担当機関調査（質問紙）（対象：24時間訪問療養機関に勤務している従事者）

る．

そこで，在宅の認知症高齢者を日々支援している，24時間訪問療養機関の従事者を対象に質問紙調査を実施する．これによって従事者が捉える在宅認知症高齢者のニーズを把握し，「1. アウトカム」領域においては，① 認知症高齢者のニーズと3次計画の在宅ケア関連で想定されているアウトカムとの対応状

況，「2．活動」領域においては，②認知症高齢者のニーズと3次計画の活動との対応状況，③3次計画の在宅ケア関連で想定されているアウトカムに関する活動構成の適切さ，「3．投入，活動→アウトプット」の領域においては，④サービス提供上の問題点，クライアントの利用状況と利用を妨げる要因を検討し，最後に「4．活動の見直し」においては，⑤ニーズと改善策（活動）との関連性を把握する（第5章参照）．

注
1）　韓国では，「世話をする」意味の動詞トルボダ（돌보다）とその名詞形トルボム（돌봄）がよく使われる．これを日本語に訳す場合，制度の名称は「介護」，それ以外は「ケア」としている．介護とケアはほぼ同じ意味合いであるが，ケアのほうが介護を含む広い意味をもつと判断した．
2）　「インパクト理論とは，社会的問題やニーズに対応して提供する活動が，アウトカムにつながり，意図したゴールに到達する『仮定』の因果関係である．活動の直接的な成果を近位または即時的アウトカム，連鎖の先のほうにある出来事を遠位または最終的アウトカムという．インパクト理論の表現に共通して見られる特徴は，活動から始まって，それが目指すゴールに至る道筋を示すことである」[Rossi, Lipsey and Freeman 2004＝2005：134]．

第3章 ニーズ調査による
3次計画インパクト理論の評価

＋ 1．認知症者本人のニーズを知る意味

　本章の目的は，前章で作成した評価設計に沿って3次計画のインパクト理論を評価し，その結果を明らかにすることである．

　2013年12月ロンドンでのG8による認知症サミット，2014年11月の認知症サミット日本後継イベントなど，認知症高齢者をめぐる課題と取り組みが国際的にも盛んに議論されるようになっている．後者の実務会議では，OECDとWHOが認知症政策のための10大核心目標を科学的根拠とともに提示した．その後，日本は2015年1月に「認知症施策推進総合戦略（新オレンジプラン）」を，韓国は2015年12月に「第3次痴呆管理総合計画（2016～2020）」を発表したが，どちらも10大核心目標を意識したと思われる内容で構成されている[1]．

　国レベルの認知症総合計画は，世界的な基準を参考にしつつ，それぞれの国の実情に合わせて策定されるべきである［World Health Organization and Alzheimer's Disease International 2012＝2015：48］．その際に重要なのは，サービスを必要とする認知症者のニーズの把握と，それにもとづく有効な計画の設計である．たとえば，認知症になって，日常生活のどの部分に，どのような困難を感じているのか．認知症という疾患だけに注目するのではなく，日常生活における困難を把握したうえでの適切な取り組みが求められる．しかし，従来の認知症政策において，主要な対象者である認知症者本人の語りからニーズを把握する取り組みがなされたことはなく，家族，もしくは政策立案者によって代替されることが多かった［チェヒギョン 2016］．また，認知症政策の有効性を認知症者の視点から分析した研究はあまり見当たらず，認知症問題における社会的ニーズを論じる際も，多くの研究では家族の意見を重視している．政策立案にお

いては，AHP（Analytic Hierarchy Process：階層分析法）を用いた専門家へのアンケート調査にもとづいて優先順位が決められている．

しかし，ステークホルダーのニーズを最大限反映したプログラムでなければ十分な効果を期待できず，ゴールへの到達も難しい［Rossi, Lipsey and Freeman 2004］．そこで本章においては，従来見落とされてきた認知症者のニーズを，本人をはじめとする複数の視点から把握し，3次計画が想定するアウトカムと，アウトカムを生み出すための活動が，それにどれほど対応しているかを検討する．

具体的には，RQ1「認知症高齢者のおかれた状況（ニーズ）に，3次計画のインパクト理論（アウトカム，活動）が対応しているか」を，前章の表2−10に示した評価方法で明らかにする．これによって，目指すゴールに到達するために想定しているアウトカムと，アウトカムを生み出すために設定している活動が，認知症者のニーズに的確に対応しているかを明らかにできる．

2．ニーズ調査と分析の手法

（1）研究の手順

まず，認知症者のニーズを最大限把握するため，認知症者本人，家族，従事者，政策立案者へのインタビューによるニーズ調査を行う．具体的には，認知症者が語るニーズ，家族からみた認知症者のニーズ，従事者からみた認知症者のニーズ，政策立案者からみた認知症者のニーズである（図1−7）．このように異なる視点で語られるニーズを総合的に検討することで，プログラムが対応すべき社会的ニーズをより正確かつ包括的に把握できるのではないかと考えている．

このニーズ調査の結果にもとづいて，第2章で抽出した3次計画のアウトカムの妥当性を検討し，そのうえで活動構成の適切性を検討する．以上の手順をまとめたのが図3−1である．

（2）インタビューの対象者と内容

認知症者本人は，軽度の認知症（K-MMSE：15〜19点）[2]と診断され，薬を服用中で，言語によるコミュニケーションが可能であり，本人・家族の同意が得られた方を対象とした．また，居所による偏りがないよう，在宅サービスを利用

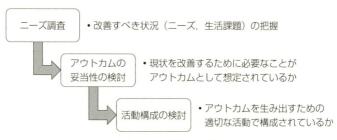

図3-1 研究の手順

出所：筆者作成.

表3-1 インタビュー対象者

対象者の区分	属　性	
本　人 軽度の認知症 (K-MMSE：15～19点) と診断され，薬を服用中	在宅サービスを利用している	デイサービスを利用している（2人）
	施設に入所している	施設に入所している（2人）
家　族	在宅サービスを利用している	訪問療養サービスを利用している（2人）
		デイサービスを利用している（1人）
	施設に入所している	施設に入所している（1人）
従事者	在宅サービス提供機関勤務	デイサービスセンターの療養保護士（1人）
		在宅サービス担当の社会福祉士（1人）
		訪問療養事業の運営者（1人）
	入所サービス提供機関勤務	入所施設の社会福祉士（1人）
		入所施設の療養保護士（1人）
政策立案者	中央痴呆センター	センター長（1人）

している方と施設に入所している方に分けて対象者を決めた（表3-1）.

　調査方法は一対一による半構造化面接とし，2016年9月に実施した．この調査にあたっては，①A市の長期療養機関協議会に機関の紹介を依頼し，それらの機関から該当者に研究の趣旨を伝えていただいて，協力の同意が得られた人を対象にした．認知症者の場合は，本人と保護者に説明し，双方の同意が得られた人を対象にした．さらに，②対象者の都合を聞き，プライバシーの確保に配慮して日時と場所を決め，③必要な説明を行い，同意書に署名してい

ただいた．④ インタビューは原則として１人１回，必要な場合に限り２回目を行うこととし，いずれも１回あたり１時間から１時間30分程度の予定で，⑤ 用意したインタビューガイドに沿って個別インタビューを行った．

インタビューガイドの項目は，① 認知症になって困っていること（本人），認知症者が抱えていると思われる問題（家族と従事者），② ３次計画はそれらの問題を解決できる構成になっているか，③ 認知症者にとって不十分だと思われる部分，④ 改善すべき点である．

巻末の資料１～３は，本調査で用いた認知症者本人，家族，従事者・政策立案者用のインタビューガイドである．

（3）倫理的配慮

本調査は認知症者本人もインタビュー対象としているため，倫理的配慮が特に必要であると判断し，同志社大学「人を対象とする研究」に関する倫理審査委員会の承認を得て行った（申請番号：16043）．また，社会政策学会，日本福祉学会の倫理綱領を確認し遵守するよう心がけた．インタビューを始める前には，諸事項について書面を示しつつ口頭で説明し，同意された方には署名をしていただいた．

認知症者本人の場合は，家族の同意を得たうえで，本調査の趣旨と，いつでもインタビューを中止できることなどを説明し，理解と同意が得られたと明確に判断できる場合のみ実施することとした．少しでも拒否感を示した方にはインタビューを行わなかった．時間は本人の希望や体調によって変更した．疲れていると思われる場合はインタビューを途中で中止した．

（4）データ分析

本章においては，ニーズを「生活上の困難の軽減」と定義する．そのため，分析においては認知症者の生活上の困難だけを対象とし，他の発言は参考として扱うにとどめた．

計14人のインタビュー後，佐藤［2008］の質的データ分析法を参考に分析を行った．具体的には，録音を文字起こししたテキストデータから，認知症者と家族は「現在の生活上の困難」と「改善の必要性」への言及，従事者の場合は「何々が問題である」「必要である」という発言を中心に分析した．「～したい」「～できればいい」「～が問題である」「～しなければならない」「～が必要であ

る」という表現のある文を抽出（①セグメント化）し，定性的コードを割り当て
て（②オープン・コーディング），より抽象度の高い意味のまとまりごとにコード
への置き換え（③焦点的コーディング）を行った．この①から③を繰り返し，理
論的飽和に達していると判断した．また，認知症に関する研究経験を有する研
究者2人と複数回の検討を行い，妥当性と客観性の確保に努めた．

　次に，ニーズ分析結果と3次計画のアウトカムおよび活動との対応状況を検
討した．その際，最も抽象度の高い焦点的コードをアウトカム，オープン・コ
ードを活動として捉え，3次計画との対応状況を分析した．

╋ 3．ニーズを読み解く

（1）調査対象者の属性と認知症者の居所によるニーズの特徴

　分析の結果，認知症者のニーズとして，【社会的認識の改善】【サービスの改
善】【心理面での安定】【尊厳の維持】【社会的関係の回復】【安全の確保】【医
療的対応の拡充】【安定的な暮らし】の8つの焦点的コードが抽出された．こ
れらは56の定性的コードと26のオープン・コードから構成されている（表3-
2）．

　以下，【焦点的コード】《オープン・コード》〈定性的コード〉の根拠となる
データを抜粋し，分析結果について説明する．

　【社会的認識の改善】は，《認知症に関する理解》《偏見と差別》《認知症受容
の難しさ》《サービス利用への抵抗感》のオープン・コードで構成される．こ
れらに関連した発言は，在宅でのケアをサポートしている従事者からが多かっ
た．その理由のひとつとして，在宅ケアの従事者は本人とも家族とも関わる機
会が多く，さまざまな場面を数多く経験していることがあると考えられる．在
宅の従事者から出た定性的コードには〈認知症に関する誤解〉〈家族の理解不
足〉があり，それらが認知症に対する〈否定的イメージ〉と認知症を〈恥ずか
しい病気〉だと思うことにつながっている可能性がある．一方，〈認知症を受
け入れられない〉という，本人の《認知症受容の難しさ》もある．ここからは，
認知症であることをオープンにしにくい状況がうかがえ，〈徘徊認識票への抵
抗感〉〈介護認定への抵抗感〉〈施設入所への家族の抵抗感〉〈施設利用への抵
抗感・偏見〉〈施設への偏見〉〈サービス利用をためらう〉などの反応につなが
っていると考えられる．施設で暮らしている認知症者本人からは，〈理解して

表3-2 ニーズ分析マトリックス

【焦点的コード】	《オープン・コード》	〈定性的コード〉［インタビュー対象者の属性］	発言件数
社会的認識の改善	認知症に関する理解	・理解してほしい［本人－施設］ ・認知症に関する誤解［従事者－在宅］ ・認知症に関する正しい理解［政策立案者］ ・家族の理解不足［従事者－在宅］	本人－施設： 1件 従事者－在宅：2件 政策立案者： 1件
	偏見と差別	・認知症の否定的イメージ［家族－在宅］ ・恥ずかしい病気［従事者－在宅］ ・認知症者への冷遇［従事者－在宅］	家族－在宅： 1件 従事者－在宅：2件
	認知症受容の難しさ	・認知症を受け入れられない［家族－在宅，従事者－在宅］	家族－在宅： 1件 従事者－在宅：1件
	サービス利用への抵抗感	・徘徊認識票への抵抗感［従事者－在宅］ ・介護認定への抵抗感［従事者－在宅］ ・施設入所への家族の抵抗感［従事者－在宅］ ・施設利用への抵抗感・偏見［従事者－在宅］ ・施設への偏見［従事者－施設］ ・サービス利用をためらう［本人－在宅，家族－在宅］	従事者－在宅：4件 従事者－施設：1件 本人－在宅： 1件 家族－在宅： 1件
	インタビュー対象者の属性別小計	本人：2件，家族：3件，従事者：10件，政策立案者：1件 在宅：13件，施設：2件	本人－施設： 1件 従事者－在宅：9件 家族－在宅： 3件 従事者－施設：1件 本人－在宅： 1件 政策立案者： 1件
サービスの改善	サービスの質の確保	・サービスへの抵抗感［本人－在宅］ ・サービスに対する拒否感［従事者－在宅］ ・サービスへの不満［本人－在宅］ ・職員への不満［本人－施設］	本人－在宅： 2件 従事者－在宅：1件 本人－施設： 1件
	認知症ケアの専門性	・職員の教育［従事者－施設］ ・プログラムの限界［従事者－施設］ ・適切な身体的介助［本人－施設］ ・画一的なサービス［従事者－在宅］ ・BPSDへの対応［従事者－施設］	従事者－施設：3件 本人－施設： 1件 従事者－在宅：1件
	生活の場としての施設環境醸成	・施設入所への抵抗感［家族－在宅］ ・平穏に暮らしたい［本人－施設］ ・自分の空間がほしい［本人－施設］ ・職員への遠慮［本人－施設］ ・家庭のような環境［従事者－施設］	家族－在宅： 1件 本人－施設： 3件 従事者－施設：1件
	制度の見直し	・自宅でサービスを受けたい［従事者－在宅］ ・要介護度認定基準への疑問［家族－在宅］ ・利用できる訪問療養時間が短い［家族－在宅］ ・在宅か施設かの二者択一［従事者－施設］ ・サービスの連携役の不在［従事者－施設］ ・老人長期療養保険制度を知らない［従事者－施設］	従事者－在宅：2件 家族－在宅： 2件 従事者－施設：2件
	インフラの不足	・ショートステイが不足［従事者－施設］ ・認知症者向けの住宅［従事者－施設］	従事者－施設：2件
	インタビュー対象者の属性別小計	本人：7件，家族：3件，従事者：12件 在宅：9件，施設：13件	本人－在宅： 2件 従事者－在宅：4件 本人－施設： 5件 従事者－施設：8件 家族－在宅： 3件
心理面での安定	情緒的な支援	・絶望感［本人－在宅，本人－施設，従事者－在宅］ ・自信の喪失［本人－在宅，本人－施設，家族－在宅，家族－施設］ ・無気力［本人－施設］ ・現状を悲観［本人－在宅］ ・現状の合理化［本人－施設］ ・現状への不適応［本人－施設］ ・他者への遠慮［本人－在宅］ ・家族への執着［家族－在宅］ ・愛と関心への欲求［従事者－在宅］ ・自宅に戻りたい［本人－施設］	本人－在宅： 4件 本人－施設： 6件 従事者－在宅：2件 家族－在宅： 2件 家族－施設： 1件
	インタビュー対象者の属性別小計	本人：10件，家族：3件，従事者：2件 在宅：8件，施設：7件	本人－在宅： 4件 本人－施設： 6件 従事者－在宅：2件 家族－在宅： 2件 家族－施設： 1件

尊厳の維持	選択権の保障	・本人が望まない施設入所 [従事者 - 在宅] ・ふだんの生活で本人の選択権がない [従事者 - 在宅] ・自己決定権の保障 [政策立案者] ・意思を尊重できるカルチャー [政策立案者] ・サービスの選択権がない [従事者 - 施設]	従事者 - 在宅： 2件 政策立案者： 2件
	ライフスタイルの維持	・職員の言いなり [本人 - 施設] ・自分のペースを保てない [従事者 - 施設]	本人 - 施設： 1件 従事者 - 施設： 1件
	過剰な制限	・過剰な制限 [従事者 - 施設]	
	インタビュー対象者の属性別小計	本人：1件，家族：0件，従事者：5件，政策立案者：2件 在宅：2件，施設：4件	従事者 - 在宅： 2件 従事者 - 施設： 3件 本人 - 施設： 1件 政策立案者： 2件
社会的関係の回復	身近な関係におけるソーシャルサポート	・家庭内での軽視 [従事者 - 在宅] ・家族からの排除 [家族 - 在宅，従事者 - 在宅] ・家族からの放置 [従事者 - 在宅]	従事者 - 在宅： 3件 家族 - 在宅： 1件
	社会との関わり	・疎外感 [本人 - 施設] ・孤独感 [本人 - 施設] ・社会参加ができない [従事者 - 在宅] ・社会との断絶感 [従事者 - 施設]	本人 - 施設： 2件 従事者 - 在宅： 1件 従事者 - 施設： 1件
	就労機会の喪失	・経済活動参加の希望 [従事者 - 在宅]	従事者 - 在宅： 1件
	インタビュー対象者の属性別小計	本人：2件，家族：1件，従事者：6件 在宅：6件，施設：3件	従事者 - 在宅： 5件 家族 - 在宅： 1件 本人 - 施設： 2件 従事者 - 施設： 1件
安全の確保	事故防止	・火災の危険 [本人 - 在宅，家族 - 施設] ・転倒 [家族 - 施設，従事者 - 施設]	本人 - 在宅： 1件 家族 - 施設： 2件 従事者 - 施設： 1件
	虐待防止	・虐待のモニタリングが必要 [従事者 - 施設] ・家族からの虐待に介入しにくい [従事者 - 在宅]	従事者 - 施設： 1件 従事者 - 在宅： 1件
	インタビュー対象者の属性別小計	本人：1件，家族：2件，従事者：3件 在宅：2件，施設：4件	本人 - 在宅： 1件 家族 - 施設： 2件 従事者 - 施設： 2件 従事者 - 在宅： 1件
医療的対応の拡充	緩和ケアの視点	・痛み [本人 - 在宅，本人 - 施設] ・体調の悪化 [家族 - 在宅] ・合併症 [家族 - 在宅] ・寝たきり [家族 - 施設]	本人 - 在宅： 1件 本人 - 施設： 1件 家族 - 在宅： 2件 家族 - 施設： 1件
	服薬の管理	・薬の服用ミス [家族 - 施設] ・薬の管理ができない [従事者 - 在宅]	家族 - 施設： 1件 従事者 - 在宅： 1件
	適切な治療	・早期診断 [従事者 - 施設] ・認知症の進行の遅延 [従事者 - 施設]	従事者 - 施設： 2件
	インタビュー対象者の属性別小計	本人：2件，家族：4件，従事者：3件 在宅：4件，施設：5件	本人 - 在宅： 1件 本人 - 施設： 1件 家族 - 在宅： 2件 家族 - 施設： 2件 従事者 - 在宅： 1件 従事者 - 施設： 2件
安定的な暮らし	外出の支援	・自由な外出 [本人 - 在宅，本人 - 施設]	本人 - 在宅： 1件 本人 - 施設： 1件
	日常生活の維持	・身辺管理の困難 [本人 - 在宅] ・生活上の困難 [従事者 - 在宅] ・洗濯の問題 [従事者 - 在宅]	本人 - 在宅： 1件 従事者 - 在宅： 2件
	適切な食事の提供	・食事の不備 [家族 - 在宅，従事者 - 在宅] ・配食サービスが利用できない [従事者 - 在宅]	家族 - 在宅： 1件 従事者 - 在宅： 2件
	家庭への介護資源のサポート	・経済的負担 [従事者 - 在宅] ・家族の対応力 [従事者 - 在宅]	従事者 - 在宅： 2件
	家族との自宅での生活の継続	・家族と過ごしたい [本人 - 在宅] ・自宅に住み続けたい [家族 - 在宅，従事者 - 在宅]	本人 - 在宅： 1件 家族 - 在宅： 1件 従事者 - 在宅： 1件
	インタビュー対象者の属性別小計	本人：4件，家族：2件，従事者：6件 在宅：11件，施設：1件	本人 - 在宅： 3件 本人 - 施設： 1件 従事者 - 在宅： 6件 家族 - 在宅： 2件

出所：筆者作成.

ほしい〉という意見があった.

【サービスの改善】は,《サービスの質の確保》《認知症ケアの専門性》《生活の場としての施設環境醸成》《インフラの不足》《制度の見直し》のオープン・コードで構成される.《サービスの質の確保》の〈サービスへの抵抗感〉〈サービスに対する拒否感〉〈サービスへの不満〉は満足度が低いことを意味し,《認知症ケアの専門性》の向上を図る〈職員の教育〉〈プログラムの限界〉〈適切な身体的介助〉〈画一的なサービス〉〈BPSDへの対応〉に関する取り組みが必要であることがわかる.

施設で暮らしている認知症高齢者には〈施設入所への抵抗感〉があり,〈平穏に暮らしたい〉〈自分の空間がほしい〉〈職員への遠慮〉〈家庭のような環境〉などの発言で《生活の場としての施設環境醸成》が求められていた.

《制度の見直し》については,〈自宅でサービスを受けたい〉が,〈要介護度認定基準への疑問〉があり,〈利用できる訪問療養時間が短い〉ため,〈在宅か施設かの二者択一〉をするしかない状況が明らかになった.また,サービスの利用については,〈サービスの連携役の不在〉と,そもそも〈老人長期療養保険制度を知らない〉人がまだ多いとの発言があった.

住み慣れた自宅で暮らしたいという思いを持っていても,《インフラ不足》の問題,具体的には〈ショートステイが不足〉しているため,施設入所になりやすい状況がある.サービス付きの〈認知症者向けの住宅〉の普及を図るのがよいのではないかという意見もあった.

【心理面での安定】に関しては,認知症者本人からの意見が最も多かった《情緒的な支援》が強く必要とされている.彼らは〈現状を悲観〉し,〈無気力〉を訴え,そうした気持ちが〈自信の喪失〉〈絶望感〉を引き起こしていた.また,〈他者への遠慮〉もあった.その一方,〈家族への執着〉があり,〈自宅に戻りたい〉が,仕方ないという〈現状の合理化〉と〈現状への不適応〉のはざまで,〈愛と関心への欲求〉をもっている.

なお,施設で働く従事者からの《情緒的な支援》への言及はなかった.

【尊厳の維持】は,《選択権の保障》《ライフスタイルの維持》《過剰な制限》のオープン・コードで構成される.これらに関しては,本人と従事者からの言及が多く,家族からの言及はなかった.《選択権の保障》については,〈本人が望まない施設入所〉〈ふだんの生活で本人の選択権がない〉〈サービスの選択権がない〉という指摘があり,《ライフスタイルの維持》では,特に施設で暮ら

している認知症高齢者の〈職員の言いなり〉〈自分のペースを保てない〉状況がうかがえた.《過剰な制限》についても施設に勤務している従事者から指摘があった.

【社会的関係の回復】は,《身近な関係性におけるソーシャルサポート》《社会との関わり》《就労機会の喪失》のオープン・コードで構成される.《身近な関係性におけるソーシャルサポート》が必要とされているのは,〈家庭内での軽視〉〈家族からの排除〉〈家族からの放置〉といった状況である.また,施設の場合は〈疎外感〉〈孤独感〉〈社会との断絶感〉,在宅認知症高齢者の場合は〈社会参加ができない〉といった状況から《社会との関わり》が求められている.

デイサービスを利用していたり,身体的機能が比較的保たれ,認知症が軽度の場合は,〈経済活動参加への希望〉があるものの,認知症を理由とする《就労機会の喪失》があるという指摘もあった.

【安全の確保】は,《事故防止》《虐待防止》のオープン・コードで構成される.《事故防止》については〈火災の危険〉〈転倒〉が指摘され,《虐待防止》については,施設では〈虐待のモニタリングが必要〉であること,在宅の場合は〈家族からの虐待に介入しにくい〉という指摘があった.

【医療的対応の拡充】は,《緩和ケア》《服薬の管理》《適切な治療》のオープン・コードで構成される.在宅も施設も,〈痛み〉を緩和し,〈体調の悪化〉〈合併症〉〈寝たきり〉を防ぐための《緩和ケアの視点》が脆弱といえる.〈薬の服用ミス〉〈薬の管理ができない〉といった《服薬の管理》に関する指摘や,《適切な治療》として〈早期診断〉〈認知症の進行の遅延〉に関する言及もあった.

最後の【安定的な暮らし】は,《家族との自宅での生活の継続》と,その基盤となる《適切な食事の提供》《日常生活の維持》《外出の支援》《家庭への介護資源のサポート》のオープン・コードで構成される.認知症者は〈家族と過ごしたい〉〈自宅に住み続けたい〉という《家族との自宅での生活の継続》を望んでいるが,〈自由な外出〉〈身辺管理〉〈洗濯ができない〉〈食事の不備〉〈配食サービスが利用できない〉といった生活上の困難を抱えていた.これらに対しては,サービス利用の費用と介護による勤労収入の減少を補う〈経済的負担〉への手当てや〈家族の対応力〉の向上といった《家庭への介護資源のサポート》が求められる.なお,家族の関係に関して家族も従事者も認識してい

第3章　ニーズ調査による3次計画インパクト理論の評価　　83

るのは，本人は家族からの関心を求め，家族への執着をもっているが，実際は排除されていることであった．従事者からは，認知症であることを家族が受け入れにくく，適切なサービスにつなげにくいという指摘があった．本人は，家族との同居願望と，家族に遠慮する複雑な気持ちを語った．施設では，本人からは孤独感と帰宅願望についての言及があり，家族と従事者も本人の帰宅願望を認識していた．

　ニーズ調査の結果を対象者の属性からみた場合の特徴は，認知症者本人と従事者がすべての焦点的コードにふれているのに対して，家族は【尊厳の維持】に言及しなかった．認知症者本人は【情緒的な支援】に関する言及が特に多く，本人による主観的な訴えであるが，その深刻さには看過できないものがある．

　家族の場合，親との関係と日常生活の維持へのニーズが多く，社会との関係についての言及はなかった．従事者は，社会との関係と尊厳の維持を重視していた．

（2）ニーズ調査の結果と3次計画のアウトカムおよび活動との対応状況

　上記のニーズ調査結果を在宅と施設に分けて整理し（表3‐3，表3‐4），3次計画のアウトカム，活動との対応状況を検討したものを表3‐5と表3‐6に示す．

　対応状況の判断では，第2章で確定したロジックモデルとニーズ調査の結果を照らし合わせた．その際，たとえば「痴呆患者の生活の質の向上」は長期アウトカムだが，その内容は多岐にわたるため，そこに至る短期・中期アウトカムで明記されているかを含めて判断した．

　【社会的認識の改善】は1次計画から継続して取り組まれているにもかかわらず，自分が認知症であることを受け入れにくい《認知症受容の難しさ》と《サービス利用への抵抗感》が依然として大きな問題であることが明らかになった．

　【サービスの改善】においては，《制度の見直し》として「連携機能」が指摘され，《インフラ不足》ではショートステイの不足が深刻であった．

　【心理面での安定】のアウトカムは3次計画では想定されておらず，それに関する活動も見当たらない．

　【尊厳の維持】に関する3次計画の取り組みは成年後見制度だけであり，ふだんの意思決定支援のための取り組みはない．

表 3 - 3　ニーズ分析マトリックスⅡ（在宅関連）

【焦点的コード】	《オープン・コード》	〈定性的コード〉［インタビュー対象者の属性］
社会的認識の改善	認知症に関する理解	• 認知症に関する誤解［従事者 - 在宅］
		• 家族の理解不足［従事者 - 在宅］
	偏見と差別	• 認知症の否定的イメージ［家族 - 在宅］
		• 恥ずかしい病気［従事者 - 在宅］
		• 認知症者への冷遇［従事者 - 在宅］
	認知症受容の難しさ	• 認知症を受け入れられない［家族 - 在宅，従事者 - 在宅］
	サービス利用への抵抗感	• 徘徊認識票への抵抗感［従事者 - 在宅］
		• 介護認定への抵抗感［従事者 - 在宅］
		• 施設入所への家族の抵抗感［従事者 - 在宅］
		• 施設利用への抵抗感・偏見［従事者 - 在宅］
		• サービス利用をためらう［本人 - 在宅，家族 - 在宅］
サービスの改善	サービスの質の担保	• サービスへの抵抗感［本人 - 在宅］
		• サービスに対する拒否感［従事者 - 在宅］
		• サービスへの不満［本人 - 在宅］
	認知症ケアの専門性	• 画一的なサービス［従事者 - 在宅］
	生活の場としての施設環境醸成	• 施設入所への抵抗感［家族 - 在宅］
	制度の見直し	• 自宅でサービスを受けたい［従事者 - 在宅］
		• 要介護度認定基準への疑問［家族 - 在宅］
		• 利用できる訪問療養時間が短い［家族 - 在宅］
		• サービスの連携役の不在［従事者 - 在宅］
	インフラの不足	• ショートステイの不足［従事者 - 在宅］
心理面での安定	情緒的な支援	• 絶望感［本人 - 在宅，従事者 - 在宅］
		• 自信の喪失［本人 - 在宅，家族 - 在宅］
		• 現状を悲観［本人 - 在宅］
		• 他者への遠慮［本人 - 在宅］
		• 家族への執着［家族 - 在宅］
		• 愛と関心への欲求［従事者 - 在宅］
尊厳の維持	選択権の保障	• 本人が望まない施設入所［従事者 - 在宅］
		• ふだんの生活で本人の選択権がない［従事者 - 在宅］
社会的関係の回復	身近な関係におけるソーシャルサポート	• 家庭内での軽視［従事者 - 在宅］
		• 家族からの排除［家族 - 在宅，従事者 - 在宅］
		• 家族からの放置［従事者 - 在宅］
	社会との関わり	• 社会参加ができない［従事者 - 在宅］
	就労機会の喪失	• 経済活動参加への希望［従事者 - 在宅］
安全の確保	事故防止	• 火災の危険［本人 - 在宅］
	虐待防止	• 家族からの虐待に介入しにくい［従事者 - 在宅］
医療的対応の拡充	緩和ケアの視点	• 痛み［本人 - 在宅］
		• 体調の悪化［家族 - 在宅］
		• 合併症［家族 - 在宅］
	服薬の管理	• 薬の管理ができない［従事者 - 在宅］
安定的な暮らし	外出の支援	• 自由な外出［本人 - 在宅］
	日常生活の維持	• 身辺管理の困難［本人 - 在宅］
		• 生活上の困難［従事者 - 在宅］
		• 洗濯の問題［従事者 - 在宅］
	適切な食事の提供	• 食事の不備［家族 - 在宅，従事者 - 在宅］
		• 配食サービスが利用できない［従事者 - 在宅］
	家庭への介護資源のサポート	• 経済的負担［従事者 - 在宅］
		• 家族の対応力［従事者 - 在宅］
	家族との自宅での生活の継続	• 家族と過ごしたい［本人 - 在宅］
		• 自宅に住み続けたい［家族 - 在宅，従事者 - 在宅］

第 3 章　ニーズ調査による 3 次計画インパクト理論の評価　　85

表 3 - 4　ニーズ分析マトリックス Ⅱ（施設関連）

【焦点的コード】	《オープン・コード》	〈定性的コード〉［インタビュー対象者の属性］
社会的認識の改善	認知症に関する理解	・理解してほしい［本人 - 施設］
	サービス利用への抵抗感	・施設への偏見［従事者 - 施設］
サービスの改善	サービスの質の担保	・職員への不満［本人 - 施設］
	認知症ケアの専門性	・職員の教育［従事者 - 施設］
		・プログラムの限界［従事者 - 施設］
		・適切な身体的介助［本人 - 施設］
		・BPSD への対応［従事者 - 施設］
	生活の場としての施設環境醸成	・平穏に暮らしたい［本人 - 施設］
		・自分の空間がほしい［本人 - 施設］
		・職員への遠慮［本人 - 施設］
		・家庭のような環境［従事者 - 施設］
	制度の見直し	・在宅か施設かの二者択一［従事者 - 施設］
		・老人長期療養保険制度を知らない［従事者 - 施設］
	インフラの不足	・ショートステイが不足［従事者 - 施設］
		・認知症者向けの住宅［従事者 - 施設］
心理面での安定	情緒的な支援	・絶望感［本人 - 施設］
		・自信の喪失［本人 - 施設，家族 - 施設］
		・無気力［本人 - 施設］
		・現状の合理化［本人 - 施設］
		・現状への不適応［本人 - 施設］
		・自宅に戻りたい［本人 - 施設］
尊厳の維持	選択権の保障	・サービスの選択権がない［従事者 - 施設］
	ライフスタイルの維持	・職員の言いなり［本人 - 施設］
		・自分のペースを保てない［従事者 - 施設］
	過剰な制限	・過剰な制限［従事者 - 施設］
	社会との関わり	・疎外感［本人 - 施設］
		・孤独感［本人 - 施設］
		・社会との断絶感［従事者 - 施設］
安全の確保	事故防止	・火災の危険［家族 - 施設］
		・転倒［家族 - 施設，従事者 - 施設］
	虐待防止	・虐待のモニタリングが必要［従事者 - 施設］
医療的対応の拡充	緩和ケアの視点	・痛み［本人 - 施設］
		・寝たきり［家族 - 施設］
	服薬の管理	・薬の服用ミス［家族 - 施設］
	適切な治療	・早期診断［従事者 - 施設］
		・認知症の進行の遅延［従事者 - 施設］
安定的な暮らし	外出の支援	・自由な外出［本人 - 施設］

表3-5 在宅の認知症者のニーズ調査結果と3次計画の対応状況

【焦点的コード】	焦点的コードに対応する3次計画のアウトカム（目標－領域）	《オープン・コード》	オープン・コードに対応する3次計画の活動（目標－領域－活動）
社会的認識の改善	[○] Ⅰ-2	認知症に関する理解	[○] Ⅰ-2-①～⑥
		偏見と差別	[○] Ⅰ-2-①～⑩
		認知症受容の難しさ	[×]
		サービス利用への抵抗感	[×]
サービスの改善	[△] Ⅱ-2	サービスの質の確保	[○] Ⅱ-2-①
		認知症ケアの専門性	[○] Ⅱ-2-②③
		生活の場としての施設環境醸成	[×]
		制度の見直し	[△] Ⅱ-2-①⑤
		インフラの不足	[×]
心理面での安定	[×]	情緒的な支援	[×]
尊厳の維持	[△] Ⅱ-3	選択権の保障	[△] Ⅱ-3-①
社会的関係の回復	[△] Ⅰ-2	身近な関係におけるソーシャルサポート	[△] Ⅲ-1・2のすべて
		社会との関わり	[○] Ⅰ-2-⑤⑥
		就労機会の喪失・支援	[×]
安全の確保	[△] Ⅱ-2	事故防止	[△] Ⅱ-2-④
		虐待防止	[×]
医療的対応の拡充	[△] Ⅱ-3	緩和ケアの視点	[○] Ⅱ-3-③
		服薬の管理	[○] Ⅱ-2-⑤
		適切な治療	[○] Ⅱ-1-①②③
安定的な暮らし	[△] Ⅱ-2	外出の支援	[×]
		日常生活の維持	[△] Ⅱ-2-①
		適切な食事の提供	[△] Ⅱ-2-①④⑤⑥
		家庭への介護資源のサポート	[○] Ⅱ-2-①④⑤
		家族との自宅での生活の継続	[○] Ⅱ-2-①④⑤

注：○は，3次計画の記述，または，そこから抽出したプログラム理論において，アウトカムに対応する内容が確認できるもの．△は，アウトカムは存在するが，ニーズへの対応に疑問のあるもの．たとえば，火災予防のニーズがあり，「安全確保」というアウトカムも存在するが，それを生み出す活動として転倒防止しか確認できない場合など．×は，当てはまる内容がないもの．

第3章　ニーズ調査による3次計画インパクト理論の評価　*87*

表3-6　施設の認知症者のニーズ調査結果と3次計画の対応状況

【焦点的コード】	焦点的コードに対応する3次計画のアウトカム（目標‐領域）	《オープン・コード》	オープン・コードに対応する3次計画の活動（目標‐領域‐活動）
社会的認識の改善	[○]　Ⅰ-2	認知症に関する理解	[○]　Ⅰ-2-①～⑥
		サービス利用への抵抗感	[×]
サービスの改善	[△]　Ⅱ-2	サービスの質の確保	[○]　Ⅱ-2-①
		認知症ケアの専門性	[○]　Ⅱ-2-②
		生活の場としての施設環境醸成	[△]　Ⅱ-2-②
		制度の見直し	[△]　Ⅱ-2-①
		インフラの不足	[×]
心理面での安定	[×]	情緒的な支援	[×]
尊厳の維持	[○]　Ⅱ-3	選択権の保障	[△]　Ⅱ-3-①
		ライフスタイルの維持	[○]　Ⅱ-1-⑥⑦
		過剰な制限	[○]　Ⅱ-1-⑥⑦
社会的関係の回復	[△]　Ⅰ-2	社会との関わり	[×]
		就労機会の喪失	[×]
安全の確保	[○]　Ⅱ-2	事故防止	[△]　Ⅱ-2-⑥
		虐待防止	[○]　Ⅱ-3-②
医療的対応の拡充	[△]　Ⅱ-3	緩和ケアの視点	[○]　Ⅱ-3-③
		服薬の管理	[○]　Ⅱ-2-⑤
		適切な治療	[○]　Ⅱ-1-①～⑥
安定的な暮らし	[△]　Ⅱ-2	外出の支援	[×]

注：○は，3次計画の記述，または，そこから抽出したプログラム理論において，アウトカムに対応する内容が確認できるもの．△は，アウトカムは存在するが，ニーズへの対応に疑問のあるもの．たとえば，火災予防のニーズがあり，「安全確保」というアウトカムも存在するが，それを生み出す活動として転倒防止しか確認できない場合など．×は，当てはまる内容がないもの．

【社会的関係の回復】で欠けている活動は，《就労機会の喪失》への対応であった．

【安全の確保】の《事故防止》は，〈転倒防止〉は考えているが〈火災の防止〉がない．また，《虐待防止》に関する在宅の活動はない．

【医療的対応の拡充】は，△と判断した．その理由は，ニーズ調査で言及された活動は3次計画でも予定されているが，緩和ケアの視点がまだ不足してい

ると判断したからである．痴呆患者生涯末期包括的支援は，認知症者本人が訴える困難に注目し，それを優先的に緩和する必要がある．

【安定的な暮らし】に関しては，外出の支援に関する活動が不足していることが明らかになった．

✚ 4．ニーズが浮き彫りにした課題

　本章では，第2章で明らかになった3次計画のインパクト理論におけるアウトカムおよび活動と，認知症者本人，家族，従事者，政策立案者を対象とする認知症高齢者のニーズ調査結果との対応状況を検討した（表3-7）．その結果をいくつかの論点にまとめ，考察を加えることとする．

（1）認知症問題をどう捉えているか
　政策は，社会の「望ましくない状態」を解決するために作られるが，問題をどのような枠組みで捉えるか，すなわちフレーミングによってその内容は異なってくる［秋吉 2017：47-48，68］．

　では，3次計画は認知症高齢者の問題をどのように捉えているのだろうか．3次計画の作成にあたって，本人や家族のニーズを反映しようとした形跡はない．たとえば，計画樹立に向けて提出された主な研究報告書に，盆唐ソウル大学病院［2014］と保健福祉部［2015b］がある．前者の諮問委員18人の内訳は，神経科医6人，予防医学医1人，保健・看護7人，社会・福祉学3人，作業療法士1人である．当事者の参加はなく，従事者についても社会福祉士は1人もいない．これは後者も同様である．認知症者や家族へのヒアリング，ニーズ調査は行われなかった．

（2）欠如しているアウトカムと活動
　8つの焦点的コードのうち，【社会的認識の改善】だけは目標Ⅰのアウトカムと対応しているが，それ以外は目標Ⅱ，特に領域②の「痴呆患者在宅および施設ケア支援」に属するものが多かった．

　8つの焦点的コードに対応する3次計画のアウトカムは，【心理面での安定】を除いて概ね想定されていた．しかし，アウトカムを生み出すための活動には，ニーズとの対応が不十分なものがあった．

表 3-7 ニーズ調査結果のまとめ

ロジックモデルの領域	評価設問	評価結果
1. アウトカム	プログラムが社会状況にもたらすと期待される効果（アウトカム）が，そうした状況を改善するために必要なことと一致しているか	■ニーズとの対応状況 【社会的認識の改善】○ 【サービスの改善】△ 【心理面での安定】× 【尊厳の維持】△ 【社会的関係の回復】△ 【安全の確保】△ 【医療的対応の拡充】△ 【安定的な暮らし】△ 注：○は対応，△は項目はあるが十分とはいえない，×は対応していないことを表す ■×と△に関連して検討すべきアウトカム ① 認知症者の心理的不安の軽減に関するアウトカム ② 認知症者の意思尊重と選択権の保障に関するアウトカム ③ 日常生活の維持に関するアウトカム ④ 施設で暮らす認知症高齢者のためのアウトカムが不足
2. 活動	現在の活動は，必要なアウトカムを生み出すために適切であるか	■足りない活動 ① 要介護5等級の場合，家事支援ができないため日常生活の維持が困難 ② 在宅での虐待が多いが，その指摘と対応がない ③ 医療とケアのサービス調整のための中立的な相談窓口がない ④ 配食サービスが低所得者に限定されているため，適切な食事がとれない ⑤ 施設は虐待防止の活動だけで，意思尊重やQOL向上のための活動がない ⑥ 要介護度認定基準の見直し ⑦ 自由な外出のための移動手段の確保

　【社会的認識の改善】では，認知症者以外を対象とする活動が多い．認知症者本人は依然として認知症受容が難しく，サービス利用への抵抗感を抱いているが，これに対応する活動は存在しない．さらに，【心理面での安定】に関する支援活動は皆無である．

　また，在宅の暮らしを維持するためにはショートステイの利用が不可欠であるが，ショートステイを提供する機関は2016年で267か所［統計庁 2017］しかなく，他の長期療養機関が増加している一方で減少に歯止めがかからない状況で

ある．このために施設入所や入院を選ばざるえない認知症者や家族が少なくないと思われる．

目標Ⅱの「平安で安全な」は，施設での虐待防止のためにモニタリングを強化することと権利擁護が主な内容である．しかし，報告された虐待の84.5%は家庭内で起きており［保健福祉部 2015a］，今回のニーズ調査においても，家庭内での放置や虐待の問題が指摘されている．

（3）改善への示唆

2008年7月に開始された老人長期療養保険制度は，当初，認定点数にもとづく3つの等級（1等級が一番重い）で運用された．これが2014年7月に5つの等級に改編され，痴呆特別等級（5等級）が新設された．現在，5等級に対しては認知症の悪化を予防するための認知活動型プログラムだけを提供できるが，3次計画によって，家事支援サービスも提供できるように制度の改正を検討するという．今回の調査でも，認知活動型プログラムも必要ではあるが，それよりも食事，洗濯，服薬管理のような日常生活の支援が急務であるとの指摘があった．

「療養施設・デイサービスセンターでの痴呆ユニットの設置・運営」については，痴呆ユニットの運営を経験した従事者から，それほど効果がなく，共助できるほうがいいという意見があった．痴呆ユニットの設置は，一般の利用者が認知症者からストレスを受けるという一方の視点に立った考えであり，認知症の人とそうではない人を区分する偏見だという指摘もあった．しかし，適切な環境を備えたユニットに十分な人員を配置すれば，質の高いサービスを提供できるかもしれない．有効性についてはさらなる検討が必要である．

「痴呆患者カスタマイズ型在宅サービスの多様化」については，3次計画によって，1，2等級の者の家族は短期間の不在時に24時間短期訪問療養サービスを年間6日まで利用できるようになった．療養・看護統合型在宅サービスは，自己負担率の低減と，医療面の管理の充実，家族への教育を意図している．

今回の調査で見るかぎりニーズは存在しないが，3次計画では課題として設定されている項目もある．痴呆非薬物治療法の開発および実用化支援と，痴呆患者生涯末期の医療・ケアに関連する根拠と教育カリキュラムの開発である．これらのアウトカムは，BPSD の軽減，QOL の向上，生涯末期痴呆患者の後期医療とケア支援の充実であり，いずれも認知症者の QOL に関連している．

しかし，認知症者や家族が直面しているのは日常生活の維持が困難なことであり，QOL という発想はないに等しい．この乖離を埋める政策設計が必要である．

（4）求められる視点

「認知症の本人は判断能力の低下のため権利侵害を受けやすい」とされている［「認知症疾患診療ガイドライン」作成委員会 2017：186］．

「絶望感の軽減」「喪失感の軽減」「家族からの愛と関心」「家族の一員であり続けること」「家族との同居」などのニーズに，3次計画は対応していない．これらは個人の問題であり，国レベルで解決することではないと思われるかもしれない．しかし，本人と家族が望んでも同居を維持できない原因を綿密に検討し，同居を可能にする体制を整えるべきである．さらに，施設で暮らしている高齢者のためのアウトカムおよび活動の不足と，公的ケアサービスのコーディネート機能が存在しないことも改善課題として指摘できる．

╋ 5．アウトカムと活動をニーズから見直す意義

現在の評価研究においては，政策を実施した結果としてのアウトカムを測定することに重点がおかれている．本章の意義は，政策が目指している「目的」と，それを実現する手段である「活動」が，「望ましくない状況」を改善できる組み立てになっているかを，ニーズとの対応を手がかりに実証的に検討したことである．本章で認知症者の視点を重視したのは，政策を所与のものとして扱うだけでは十分な検証ができず，権利の視点から検証するためにも彼らのニーズをふまえる必要があるからである．

これまでは，秋吉［2017：47-48］のいう「フレーミング」，つまり，認知症高齢者を支える政策として何を問題とするかという段階で，「高齢化にともなう認知症者の増加」「社会的費用」「公的ケア制度」「認識改善」「早期発見」などが採用されてきた．その一方で，現在の「望ましくない状況」，すなわち認知症高齢者がおかれている困難な状況は見落とされてきたのではないだろうか．つまり，ニーズからアウトカムを想定し，そのための活動構成を検討するというアプローチは不十分であったといえる．

こうした現状において，ニーズ調査によって【社会的認識の改善】【サービ

スの改善】【心理面での安定】【尊厳の維持】【社会的関係の回復】【安全の確保】【医療的対応の拡充】【安定的な暮らし】の8つのカテゴリーで認知症高齢者のニーズを捉えたこと，また，現在は想定されていない【心理面での安定】に向けたアウトカムが必要であることを実証的に明らかにしたことの2点に，本章の意義があると考えている．

　本章の限界は，帰納法的アプローチのみによってニーズを把握したことである．上野［2011］は，現に存在するサービスに対してしかニーズを持つことができない傾向があると指摘している．ナマの語りをそのまま受け止める意義はあるとしても，帰納法的アプローチによる選好的ニーズとなった可能性は否定できない．そのため今後は，認知症者の現状を国際的な要求水準から捉え直し，「望ましくない状況」をさらに正確に把握する必要がある．また，ニーズ調査の対象がA市在住者に限られており，サンプル数も少ないため，地域の特色や地域格差に由来する問題，施設や個人のおかれた状況による偏りが考えられ，結論の一般化には限界がある．

　なお，本章においては本人，家族，従事者，政策立案者の見解を総合して評価の情報源とすることを優先したため，それぞれの特徴や傾向を分析するには至らなかった．立場の違いが見解にどう影響するかを把握することは，評価の精度を向上しうる有望なプロセスの1つである．今後の研究においては，評価設計の段階でこのプロセスを組み込みたいと考えている．

注
1）　日本社会福祉学会第64回秋季大会（2016.9.11）で筆者発表．
2）　韓国版ミニメンタルステート検査（Korean version of Mini-Mental State Exam）．

第4章　推進成果評価報告書の内容分析による 3次計画プロセス理論の評価

　本章では，RQ 2「3次計画のプロセス理論における欠陥および課題は何か」を明らかにするため，3次計画のプロセス理論（投入→活動→アウトプット）の評価を，自治体ごとの2016年推進成果評価報告書の内容分析によるメタ評価として行う．2016年から実施されている3次計画の最初の1年間の実施状況が記述されている評価報告書から，各自治体が活動を進めるうえでどのような問題を抱えているかを網羅的に把握し，投入からアウトプットにおける課題を検討することとしたい．

＋ 1．1年目の現状報告

　分析対象である評価報告書は，韓国に17ある第一級地方行政区画であるソウル特別市，釜山広域市，大邱広域市，仁川広域市，光州広域市，大田広域市，蔚山広域市，世宗特別自治市，京畿道，江原道，忠清北道，忠清南道，全羅北道，全羅南道，慶尚北道，慶尚南道，済州特別自治道の各広域自治団体が国に提出したものである．評価報告書の入手にあたっては，韓国行政安全部の情報公開ポータルで2017年7月に開示を請求し，翌月にすべてのPDFファイルを受け取った．
　どの評価報告書も，3次計画の4つの目標「Ⅰ．地域社会中心の痴呆予防および管理」「Ⅱ．平安で安全な痴呆患者診断・治療・ケアサービス提供」「Ⅲ．痴呆患者家族の扶養負担軽減」「Ⅳ．研究・統計および技術を通じたインフラ拡充」ごとに，成果と限界，改善課題を記している．そこから，3次計画を1年間実施してきたなかでの限界に相当する内容を目標別に整理し，一つひとつの文章をセグメント化した．次に，第2章で作成した3次計画のロジックモデルの活動に番号を振り，該当するセグメントにも同じ番号をつけて整理した

表4-1 2016年推進成果評価報告書の内容分析のマトリックス（例）

目標-領域-課題	活動番号	活動名	地域	限界（セグメント化）	自治体数	ロジックモデル
1-1-1	1	痴呆予防心得333および生涯周期別実践心得の広報拡大	14. 全南	中央痴呆センターの共通印刷物を主に使用	1	投入
1-1-1	2	痴呆予防運動法の改善および全国的普及	2. 釜山	生活のなかの痴呆予防を持続的に実践し激励できるインフラの不足，拡大が必要.	6	投入
				認知と運動が結合された複合運動のプログラム運営のために講師養成を進めたが，教育後の進行に対する負担感が高かった.		活動
			8. 世宗	専門人材の不足により教材開発が低調.		投入
				センター訪問が困難で認知増進教室の参加人員が減少.		アウトプット
				検証された認知活動型プログラムのコンテンツ不足.		投入
			10. 江原	認知再活プログラムの運営にあたり，道内の地理的状況により優秀な講師の確保や対象者の選定が困難.		投入，活動
			11. 忠北	専門講師の人材不足.		投入
			14. 全南	多様な階層別教育が不足.		投入
			16. 慶南	痴呆段階別の認知再活プログラムの不足，関連機関との協力が必要.		投入，活動
1-1-3	6	認知機能プログラム「ドキドキ脳運動」コンテンツの拡充および普及拡大	6. 大田	軽症痴呆患者の認知刺激活動を提供する機関の不足および管理不十分.	1	投入，活動
1-1		小 計			8	

（例：表4-1）．その際，3次計画とは異なる目標に配置されている活動は筆者の判断で本来の目標に戻したが，内容にはいっさい手を加えていない．最後に，どの限界が多く指摘されているかを把握し，どの活動のプロセスに課題があるのかを目標別に検討した．

第4章　推進成果評価報告書の内容分析による3次計画プロセス理論の評価　　*95*

┼ 2．17自治体の見解を読み解く

　10の領域の課題ごとに，それぞれの活動に言及した自治体数を集計した．この内容分析の結果を表4-2に示す．また，多くの自治体から共通して言及されている活動について，プロセス理論（投入→活動→アウトプット）における主要課題がどこにあるかを，表4-3～表4-6にまとめた．

　表4-2と表4-3～表4-6を参考に，自治体による言及を取り上げつつ，3次計画のプロセス理論（投入→活動→アウトプット）における主な課題をみる．

　目標Ⅰ「地域社会中心の痴呆予防および管理」，領域1「生活の中の痴呆予防実践支援」の課題（1-1）「痴呆発生危険要因の事前管理（痴呆予防）支援」においては，活動②「痴呆予防運動法の改善および全国的普及」への言及が最も多かった．投入に関しては「専門講師の人材の不足（釜山，世宗，江原，忠北）」「階層別教育が不足（全南）」「検証された認知活動型プログラムのコンテンツ不足（世宗）」，活動に関しては「認知と運動が結合された複合運動のプログラム運営のために講師養成を進めたが，教育後の進行に対する負担感が高かった（釜山）」「認知再活プログラムの運営にあたり，道内の地理的状況により優秀な講師の確保や対象者の選定が困難（江原）」という指摘があった．また，「センター訪問が困難で増進教室の参加人員が減少（世宗）」というアウトプットに関する言及もあった．

　目標Ⅰ，領域2「痴呆に対する否定的認識の改善および痴呆親和的環境の醸成」の課題（2-2）「痴呆パートナーズ50万人募集・拡散」においては，活動⑤「痴呆患者・家族支持活動およびボランティアを遂行する痴呆パートナーズの募集拡大」への言及が最も多くみられた．「人材の確保に限界がある（慶北）」「青年・中高年層の募集広報が不十分で参加が高齢者に偏っている（ソウル）」など，募集段階での困難を訴える自治体がある一方，「活用方法が未整備（全北）」「活動機会の不足（大邱）」など，制度の目的が不明確なことによる問題点を指摘する自治体もあった．「痴呆パートナーズ（プラス）の登録率は目標を達成したが，痴呆パートナーズプラスの活動は低調（全南）」という記述からは，認知症者とパートナーズをつなぐパイプ役が機能していないために，ボランティアとして活動できる機会が少ない現状が読み取れる．これに関しては「痴呆パートナーズ目標値の達成にくらべて，パートナーズの認識改善効果やパート

表 4 - 2　2016年推進成果評価報告書の内容分析結果

目標	領　域	課　題	活動番号 (言及した自治体数)
Ⅰ. 地域社会中心の痴呆予防および管理	1. 生活のなかの痴呆予防実践支援（対象：全国民）	（1-1）痴呆発生危険要因の事前管理（痴呆予防）支援	①（1），②（6）
		（1-2）痴呆予防実践指数開発および痴呆予防習慣自己管理支援	―
		（1-3）健康老人認知訓練および痴呆予防コンテンツの開発・拡散	⑥（1）
		小計（8）	
	2. 痴呆に対する否定的認識の改善および痴呆親和的環境の醸成（対象：全国民）	（2-1）全国民対象の痴呆教育実施および認識向上	①（5），②（2），③（1）
		（2-2）痴呆パートナーズ50万人募集・拡散	⑤（8）
		（2-3）痴呆安心村運営	⑥（2）
		（2-4）痴呆認識改善活動および行事支援	⑦（5），⑧（4）
		（2-5）痴呆に関する否定的法令および社会的用語の整備	―
		小計（27）	
	3. 3大痴呆高危険群管理および持続的な痴呆早期発見支援（対象：高危険群）	（3-1）痴呆相談センター中心の痴呆発生3大高危険群管理	②（4），③（5）
		（3-2）持続的な痴呆早期発見支援（国民健康検診の認知検査ツール改良，痴呆早期検診事業実施）	④（11）
		（3-3）痴呆相談センターの力量強化	⑥（7），⑦（2）
		小計（29）	
Ⅱ. 平安で安全な痴呆患者診断・治療・ケアサービス提供	1. 地域社会中心の痴呆治療・管理体系確立および専門性向上（対象：軽症・中等度痴呆）	（1-1）痴呆検査項目への給付拡大	―
		（1-2）地域社会痴呆治療管理体系の確立（痴呆家族相談報酬新設，痴呆診療薬剤費支援）	②（8）
		（1-3）公立療養病院中心の痴呆専門病棟運営	―
		（1-4）痴呆診療指針標準化および痴呆類型別診療ガイドライン提供	―
		（1-5）痴呆非薬物治療法の開発および実用化支援	⑥（1）
		（1-6）痴呆関連従事者の治療・ケア専門性向上（医師・看護師・療養保護士などの専門教育および履歴管理支援）	⑦（4）
		小計（13）	
	2.	（2-1）長期療養5等級制度の改善（対象者選定の客観性強化，認知活動型プログラムの効果性評価，家事サービス支援方法の検討など）	―
		（2-2）療養施設・デイサービスセンターにおける痴呆ユニット設置・運営	―
		（2-3）痴呆老人カスタマイズ型老人長期療養サービス提供マニュアルの開発・普及	

第4章　推進成果評価報告書の内容分析による3次計画プロセス理論の評価　　*97*

	2．痴呆患者在宅および施設ケア支援（対象：軽症・中等度・重症痴呆）	（2-4）痴呆患者カスタマイズ型在宅サービスの多様化（24時間短期訪問療養サービス，療養・看護統合型在宅サービスなど）	―
		（2-5）痴呆老人転倒防止および住居環境指針開発	―
		（2-6）痴呆老人失踪予防のための徘徊認識票などの広報拡大	⑥（9）
		小計（9）	
	3．重症・生涯末期痴呆患者の権利保護および虐待防止などの支援体系確立（対象：重症痴呆）	（3-1）低所得独居痴呆患者を対象とする公共後見人制度の導入検討	―
		（3-2）痴呆患者虐待防止のための従事者教育およびモニタリング強化	―
		（3-3）痴呆患者生涯末期包括支援体系確立のための底辺拡大（後期医療およびケア関連教育課程の開発および拡散）	―
		小計　―	
Ⅲ．痴呆患者家族の扶養負担軽減	1．痴呆患者をケアする家族のための相談・教育・自助グループなどの支援	（1-1）オン・オフライン痴呆家族痴呆教育の実施	①（5）
		（1-2）オン・オフライン痴呆家族相談および自助グループ活性化支援	②（9）
		（1-3）痴呆相談コールセンター（1899-9988）を活用したカスタマイズ相談サービスの提供および相談力量の強化	③（1）
		小計（15）	
	2．痴呆患者家族の介護負担軽減のための社会的支援の拡大	（2-1）痴呆家族オンライン自己心理検査支援および相談・事例管理支援	①（1）
		（2-2）痴呆家族旅行（バウチャー）および余暇生活（社会・老人福祉館利用）支援	②（5）
		（2-3）痴呆家族への社会福祉機関文化余暇サービス利用支援	―
		小計（6）	
	3．痴呆患者家族の介護負担軽減のための経済的支援の拡大	（3-1）年末調整時における痴呆患者人的控除の広報	―
		（3-2）痴呆患者家族の就労支援事業連携	―
		小計　―	
Ⅳ．研究・統計および技術を通じたインフラ拡充	1．研究・統計および技術を通じたインフラ拡充	（1-1）痴呆関連研究における統計管理力量の強化（国内外の趨勢・需要予測および計画作成，痴呆研究・統計年報発刊など）	①（5）
		（1-2）痴呆診断・治療などのための映像，バイオマーカー，治療剤開発などのための臨床研究実験の拡大	―
		（1-3）根拠基盤痴呆管理政策策定のための痴呆政策研究の拡大	④（3）
		（1-4）便利な技術の開発を通じた痴呆患者家族支援	③（1）
		小計（9）	

表4‑3　2016年推進成果評価報告書の内容分析の主な結果（目標Ⅰ）

目標	領　域	該当する活動	「投入」に関する言及	「活動」に関する言及	「アウトプット」に関する言及
Ⅰ．地域社会中心の痴呆予防および管理	1．生活のなかの痴呆予防実践支援（対象：全国民）	②痴呆予防運動法の改善および全国的普及	▶専門講師の人材の不足（釜山，世宗，江原，忠北） ▶階層別教育が不足（全南） ▶検証された認知活動型プログラムのコンテンツ不足（世宗）	▶認知と運動が結合された複合運動のプログラム運営のために講師養成を進めたが，教育後の進行に対する負担感が高かった（釜山） ▶認知再活プログラムの運営にあたり，道内の地理的状況により優秀な講師の確保や対象者の選定が困難（江原）	▶センター訪問が困難で増進教室の参加人員が減少（世宗）
	2．痴呆に対する否定的認識の改善および痴呆親和的環境の醸成（対象：全国民）	⑤痴呆患者・家族支持活動およびボランティアを遂行する痴呆パートナーズの募集拡大		▶参加者の確保に限界がある（慶北） ▶青年・中高年層の募集広報が不十分で参加が高齢者に偏っている（ソウル） ▶活用方法が未整備（全北）	▶活動機会の不足（大邱） ▶痴呆パートナーズ（プラス）の登録率は目標を達成したが，痴呆パートナープラスの活動は低調（全南） ▶痴呆パートナーズ目標値の達成にくらべて，パートナーズの認識改善効果やパートナーズプラスの活動支援の限界（仁川）
	3．3大痴呆高危険群管理および持続的な痴呆早期発見支援（対象：高危険群）	④痴呆早期検診事業を通じて発見された満60歳以上の高危険群老人の精密検診費用の支援	▶2015年比で痴呆選別検査は19%，痴呆患者の登録は17.6%増加したが，痴呆有病者4.7万人に見合う登録患者拡大のための精密検査費用の追加確保が必要（釜山） ▶痴呆早期検診対象者数は市郡による偏りが大きいが，早期検診予算は対象者数に比例していない（慶南）	▶痴呆早期検診による対象者別継続的事後管理が必要（仁川） ▶島嶼住民の参加率が低く，事業の効果が不明確（全南）	▶選別検査の実績にくらべて診断・鑑別検査の実績が低調（慶北） ▶75歳以上選別検査による痴呆診断者が全体の75%を占めるが，75歳以上選別検診率は全体の50.2%で不十分（ソウル） ▶痴呆選別検査後の診断のための病院と人材の不足などで，痴呆発見率1%と非常に低い（忠南）

表 4 - 4　2016年推進成果評価報告書の内容分析の主な結果（目標Ⅱ）

目標	領　　域	該当する活動	「投入」に関する言及	「活動」に関する言及	「アウトプット」に関する言及
Ⅱ．平安で安全な痴呆患者診断・治療・ケアサービス提供	1．地域社会中心の痴呆治療・管理体系確立および専門性向上（対象：軽症・中等度痴呆）	②保健所登録痴呆患者への痴呆診療薬剤費支援	▶痴呆治療費支援対象者は増加しているが，投入できる資源が限られている（ソウル） ▶予算不足（大邱，江原，慶南）	▶支援対象者の所得基準に対する不満．定期再調査時の所得基準を超えると，治療費と検診費の支援を中止する場合があり，検診・治療の中断者が発生（全北）	▶痴呆患者の登録率にくらべ，痴呆治療薬剤費の支援率が低い（蔚山） ▶介護物品支援の実績が低調（世宗） ▶支援を受けられない者が多数と予測（忠南）
	2．痴呆患者在宅および施設ケア支援（対象：軽症・中等度・重症痴呆）	⑥痴呆老人失踪予防の支援強化	▶保健所の担当者と痴呆患者の家族の認識不足（全南，済州）	▶徘徊感知器および機器管理（保護者の持続管理が必要）などの問題による中途返却事例が発生．市郡別に協約病院と遠隔拠点病院が異なることで，対象者の円滑な情報共有が困難→新規患者についての連携が不十分（江原） ▶GPS端末のバッテリー交換と重さの訴え，紛失などの問題（忠南）	▶徘徊認識票やGPSの普及率は低調（大邱，仁川，蔚山，慶北）

表 4‒5　2016年推進成果評価報告書の内容分析の主な結果（目標Ⅲ）

目標	領　域	該当する活動	「投入」に関する言及	「活動」に関する言及	「アウトプット」に関する言及
Ⅲ．痴呆患者家族の扶養負担軽減	1．痴呆患者をケアする家族のための相談・教育・自助グループなどの支援	②オン・オフライン痴呆患者家族自助会の活性化	▶痴呆自助会を運営するためのスペースの確保（釜山）	▶自助会運営時の専門教育と余暇活動支援へのニーズが強く，痴呆患者扶養のため，プログラムへの参加が難しい（大邱） ▶痴呆患者家族支援の集まりが活性化せず，痴呆患者の家族のための具体的・能動的な支援に限界がある。（光州） ▶教育中心のプログラム構成で，参加者の興味が低下（全北） ▶痴呆患者と家族が一緒に参加できる多様なプログラムの運営が困難（全南） ▶公共交通機関の不備により自助会参加が困難（慶北） ▶家族教室や自助会が単発的に行われる（済州）	▶自助会参加率が低調で，多様な情報交流が不足（世宗）
	2．痴呆患者家族の介護負担軽減のための社会的支援の拡大	②痴呆家族の旅行および余暇生活の支援	▶参加機関がないため痴呆患者家族休暇およびショートステイの支援に限界がある．痴呆患者の家族のための予算支援に限界（大田） ▶痴呆家族の要求度に応じた多様なプログラムコンテンツの不足（世宗） ▶参加家族の満足度が高いプログラムと心理劇に偏っており，他のプログラムの導入が必要（全北）	▶家族支援プログラム対象者の募集選定と持続参加が困難（仕事，介護負担，露出を避けるなど）（江原）	▶痴呆患者と家族の参加率が低調（全南）

第４章　推進成果評価報告書の内容分析による３次計画プロセス理論の評価　*101*

表４‐６　2016年推進成果評価報告書の内容分析の主な結果（目標Ⅳ）

目標	領　域	該当する活動	「投入」に関する言及	「活動」に関する言及	「アウトプット」に関する言及
Ⅳ. 研究・統計および技術を通じたインフラ拡充	１.研究・統計および技術を通じたインフラ拡充	①痴呆関連の研究・統計管理力量の強化	▶研究事業の長期化→投入人員と予算の増加（江原）	▶地域で施行される研究開発資料の把握と有効性の検証が困難．結果の共有方法を模索する必要がある（仁川） ▶痴呆国策研究チームの広報不足により活用度が研究チームの所在自治区に限定（光州） ▶コミュニティ診断の欠如（世宗） ▶PHISデータ管理が困難．痴呆有病率などのデータ分析と統計管理が困難（慶南）	

ナーズプラスの活動支援の限界（仁川）」という指摘もあった．

　目標Ⅰ，領域３「３大痴呆高危険群管理および持続的な痴呆早期発見支援」の課題（3-2）「持続的な痴呆早期発見支援（国民健康検診の認知検査ツール改良，痴呆早期検診事業実施）」では，活動④「痴呆早期検診事業を通じて発見された満60歳以上の高危険群老人の精密検診費用の支援」についての言及が最も多かった．「選別検査の実績にくらべて診断・鑑別検査の実績が低調（慶北）」「75歳以上選別検査による痴呆診断者が全体の75％を占めるが，75歳以上選別検診率は全体の50.2％で不十分（ソウル）」「痴呆選別検査後の診断のための病院と人材の不足などで，痴呆発見率１％と非常に低い（忠南）」など，アウトプットが低調であることが報告されている．その原因と考えられる投入に関しては，「2015年比で痴呆選別検査は19％，痴呆患者の登録は17.6％増加したが，痴呆有病者4.7万人に見合う登録患者拡大のための精密検査費用の追加確保が必要（釜山）」「痴呆早期検診対象者数は市郡による偏りが大きいが，早期検診予算は対象者数に比例していない（慶南）」など，予算不足を指摘する自治体があった．また，活動に関しては，「痴呆早期検診による対象者別継続的事後管理が

必要（仁川）」「島嶼住民の参加率が低く，事業の効果が不明確（全南）」などの指摘があった.

目標Ⅱ「平安で安全な痴呆患者診断・治療・ケアサービス提供」，領域1「地域社会中心の痴呆治療・管理体系確立および専門性向上」の課題（1-2）「地域社会痴呆治療管理体系の確立（痴呆家族相談報酬新設，痴呆診療薬剤費支援）」では，活動②「保健所登録痴呆患者への痴呆診療薬剤費支援」に関する言及が最も多かった. これは軽症・中等度の認知症者を対象とするが，「痴呆患者の登録率にくらべ，痴呆治療薬剤費の支援率が低い（蔚山）」「介護物品支援の実績が低調（世宗）」「支援を受けられない者が多数と予測（忠南）」というアウトプットに関する数多くの指摘があった. また，「予算不足（大邱，江原，慶南）」「痴呆治療費支援対象者は増加しているが，投入できる資源が限られている（ソウル）」という投入に関する問題があり，活動に関しても「支援対象者の所得基準に対する不満. 定期再調査時の所得基準を超えると，治療費と検診費の支援を中止する場合があり，検診・治療の中断者が発生（全北）」という重要な指摘があった.

目標Ⅱ，領域2「痴呆患者在宅および施設ケア支援」の課題（2-6）「痴呆老人失踪予防のための徘徊認識票などの広報拡大」における自治体の言及は，活動⑥「痴呆老人失踪予防の支援強化」に集中していた. 投入に関しては「保健所の担当者と痴呆患者の家族の認識不足（全南，済州）」，活動に関しては「徘徊感知器および機器管理（保護者の持続管理が必要）などの問題による中途返却事例が発生. 市郡別に協約病院と遠隔拠点病院が異なることで，対象者の円滑な情報共有が困難→新規患者についての連携が不十分（江原）」「GPS端末のバッテリー交換と重さの訴え，紛失などの問題（忠南）」などさまざまな問題が報告されており，アウトプットに関しても，複数の自治体が「徘徊認識票やGPSの普及率は低調（大邱，仁川，蔚山，慶北）」と判断している.

目標Ⅱの領域3「重症・生涯末期痴呆患者の権利保護および虐待防止などの支援体系確立」については言及がなかった.

目標Ⅲ「痴呆患者家族の扶養負担軽減」，領域1「痴呆患者をケアする家族のための相談・教育・自助グループなどの支援」の課題（1-2）「オン・オフライン痴呆家族相談および自助グループ活性化支援」においては，活動②「オン・オフライン痴呆患者家族自助会の活性化」の限界に関する意見が最も多く，次いで活動①「オン・オフライン痴呆患者家族痴呆教育の実施」に関する指摘

が多かった．まず活動①については，投入における「Webベースの痴呆患者家族教育と支援プログラムの広報が不十分（ソウル）」「専門家の参加やアドバイスを含む家族支援プログラム，認知再活および運動再活プログラムの欠如（世宗）」が指摘されており，これに関連する「検証されたカリキュラムで構成される家族教室の運営が必要（済州）」という意見もあった．活動に関しては「講師指針にもとづく6時間8会期課程の運営や家族の管理などが困難（釜山）」「痴呆患者家族教育への家族の参加に困難がある（仁川）」などの言及があった．活動②については，投入に関する「痴呆自助会を運営するためのスペースの確保（釜山）」という指摘があり，活動に関しては「自助会運営時の専門教育と余暇活動支援へのニーズが強く，痴呆患者扶養のため，プログラムへの参加が難しい（大邱）」「痴呆患者家族支援の集まりが活性化せず，痴呆患者の家族のための具体的・能動的な支援に限界がある（光州）」「教育中心のプログラム構成で，参加者の興味が低下（全北）」「痴呆患者と家族が一緒に参加できる多様なプログラムの運営が困難（全南）」「公共交通機関の不備により自助会参加が困難（慶北）」「家族教室や自助会が単発的に行われる（済州）」など多くの具体的な言及があった．アウトプットに関して，「自助会参加率が低調で，多様な情報交流が不足（世宗）」と端的に報告する自治体もあった．

目標Ⅲ，領域2「痴呆患者家族の介護負担軽減のための社会的支援の拡大」の課題（2-2）「痴呆家族旅行（バウチャー）および余暇生活（社会・老人福祉館利用）支援」では，活動②「痴呆家族の旅行および余暇生活の支援」に関する指摘が5つの自治体からあった．なかでも多かったのは投入に関する指摘で，「参加機関がないため痴呆患者家族休暇およびショートステイの支援に限界がある．痴呆患者の家族のための予算支援に限界（大田）」「痴呆家族の要求度に応じた多様なプログラムコンテンツの不足（世宗）」「参加家族の満足度が高いプログラムと心理劇に偏っており，他のプログラムの導入が必要（全北）」と内容にも幅があった．活動に関しては「家族支援プログラム対象者の募集選定と持続参加が困難（仕事，介護負担，露出を避けるなど）（江原）」，アウトプットに関しては「痴呆患者と家族の参加率が低調（全南）」という指摘があった．

目標Ⅲの領域3「痴呆患者家族の介護負担軽減のための経済的支援の拡大」については言及がなかった．

目標Ⅳ「研究・統計および技術を通じたインフラ拡充」では，課題（1-1）「痴呆関連研究における統計管理力量の強化（国内外の趨勢・需要予測および計画作

成，痴呆研究・統計年報発刊など）」の活動①「痴呆関連の研究・統計管理力量の強化」への言及が最も多く，投入に関しては「研究事業の長期化→投入人員と予算の増加（江原）」，活動に関しては「地域で施行される研究開発資料の把握と有効性の検証が困難．結果の共有方法を模索する必要がある（仁川）」「痴呆国策研究チームの広報不足により活用度が研究チームの所在自治区に限定（光州）」「コミュニティ診断の欠如（世宗）」「PHIS データ管理が困難．痴呆有病率などのデータ分析と統計管理が困難（慶南）」などの指摘があった．また，活動④「根拠基盤痴呆管理政策樹立のための痴呆関連研究の拡大」に関して，「痴呆に関する釜山市民の認識状況のデータが不足（釜山）」「忠清北道痴呆管理事業の成果と今後の推進方向の提示などのための調査・研究事業の必要性（忠北）」「全羅南道における痴呆に関する認識と痴呆サービスへのニーズのみを調査した実態調査書どまり（全南）」という指摘があった．

＋ 3．浮かび上がった問題点

　以上の内容分析にもとづいて，プロセス理論における重点課題を 4 つの目標ごとに検討する．

　目標Ⅰ「地域社会中心の痴呆予防および管理」は，「1．予防実践支援」「2．認識改善および痴呆親和的環境醸成」「3．高危険群管理および早期発見支援」という 3 つの領域で構成されており，それぞれの領域で最も言及の多い活動は，「痴呆予防運動法の改善および全国的普及」「痴呆患者・家族支持活動およびボランティアを遂行する痴呆パートナーズの募集拡大」「痴呆早期検診事業を通じて発見された満60歳以上の高危険群老人の精密検診費用の支援」であった．

　「痴呆予防運動法の改善および全国的普及」については，専門講師の不足や階層別教育の不足，プログラムのコンテンツ不足を，投入に関する課題として指摘できる．

　「痴呆患者・家族支持活動およびボランティアを遂行する痴呆パートナーズの募集拡大」については，アウトプットにおける主要な課題として，パートナーズの目標値を達成してもボランティアの参加に結びつかず，「認知症者の社会参加」を実現する社会的資源としての役割を期待するには限界のあることが浮き彫りになった．

　「痴呆早期検診事業を通じて発見された満60歳以上の高危険群老人の精密検

診費用の支援」については，アウトプットが低調であることが報告され，活動に関しては，自治体の特性を踏まえたうえで，早期発見支援の改善策を講じる必要性が示唆された．

目標Ⅱ「平安で安全な痴呆患者診断・治療・ケアサービス提供」は，「1．地域社会中心の痴呆治療・管理体系確立および専門性向上」「2．痴呆患者在宅および施設ケア支援」「3．重症・生涯末期痴呆患者の権利保護および虐待防止などの支援体系確立」という3つの領域で構成されている．領域1では「保健所登録痴呆患者への痴呆診療薬剤費支援」に関する言及が多く，領域2では「痴呆老人失踪予防の支援強化」に集中していたが，領域3については言及がなかった．

「保健所登録痴呆患者への痴呆診療薬剤費支援」については，予算不足などの投入に関する問題とともに，アウトプットに関する数多くの問題が指摘されていた．

「痴呆老人失踪予防の支援強化」については，徘徊感知器の使いにくさなど，活動における具体的な問題が指摘されていた．

目標Ⅲ「痴呆患者家族の扶養負担軽減」は，「1．家族のための相談・教育・自助グループなどの支援」「2．介護負担軽減のための社会的支援の拡大」「3．介護負担軽減のための経済的支援の拡大」という3つの領域で構成されている．領域1では「オン・オフライン痴呆患者家族自助会の活性化」，領域2では「痴呆家族の旅行および余暇生活の支援」に関する指摘が最も多く，領域3については言及がなかった．

「オン・オフライン痴呆患者家族自助会の活性化」については，数多くの，特に活動に関する具体的な言及があった．

「痴呆家族の旅行および余暇生活の支援」については，投入に関するさまざまな指摘があった．

目標Ⅳ「研究・統計および技術を通じたインフラ拡充」では，「痴呆関連の研究・統計管理力量の強化」の，活動に関する指摘が多かった．

本章の限界は，3次計画の課題の把握に最適であると判断したからではあるが，自治体による報告書を分析の素材としたため，情報源が偏っていることである．また，言及の多さが問題の深刻さを表しているわけではないことに注意を払う必要がある．報告書では言及の少なかった，目標Ⅱの領域2「痴呆患者在宅および施設ケア支援」，領域3「重症・生涯末期痴呆患者の権利保護およ

び虐待防止などの支援体系確立」，目標Ⅲの領域 3 「痴呆患者家族の介護負担軽減のための経済的支援の拡大」についてはさらに検討する必要がある．

第5章 在宅ケアサポートに関する プログラム理論の評価

＋ 1．ニーズでアレンジする評価設計

（1）本章の目的

　3次計画のインパクト理論においては，認知症高齢者のニーズが目標Ⅱの領域2であるケア関連に集中していた（第3章）．それは帰納法的に認知症高齢者のニーズを捉えたためでもあるが，認知症者が自宅での暮らしを継続することに強い思いを持っていることの反映でもある．つまり，それができない要因として在宅ケアのアウトカムと活動が不十分であることがニーズの形で浮き彫りになったのである．自治体の評価報告書には在宅ケアに関する詳しい言及がなく，その取り組みがどのような状況であるかや，どのような課題があるかも明確ではなかった（第4章）．そこで本章では，3次計画の「認知症高齢者の在宅ケア」に関するプログラム理論に限定して，より詳細な検討を行うこととした．

　この検討においては，Rossi, Lipsey and Freeman［2004］が提示した2つの視点を参考にした．それは，① 社会的ニーズとの関係から検討し，それらのニーズがプログラム理論に反映されているか，② 目指すゴールまでの構成が論理性と説得力（plausibility）をもっているか，である．この視点から得られる示唆は，プログラム理論そのものに着目し，「論理性と説得力」について，因果論的視点に立ってプログラム各要素の結びつきを確かめることと，ニーズとの関連を視野に入れプログラム理論をアセスメントすることの重要性である．また，Rossi, Lipsey and Freeman［2004＝2005：144］は，プログラム理論を検討する際，「サービス対象者である標的集団のニーズと関連させて行うことは必須」であると強調している．しかしながら，プログラム理論に着目した評価研究の多くはアウトカムの構造に重点をおき，評価指標を開発するか，もしく

はそれが達成されたかに注目する一方，ニーズと関連させたプログラム理論の検討は行っていなかった（第1章参照）．認知症政策の研究においても，認知症高齢者のニーズと政策との関連（整合性）が実証的に明らかにされておらず，そのため，認知症高齢者がおかれている状況をふまえた改善策の提示が十分になされているとは言い難い．本研究がニーズを重視するのは，① そもそもニーズに対応していないアウトカムの達成を確認しても状況はよくならない，② ニーズは政策の実施状況によって変わりうるので，随時その変化を追う必要があると考えるからである．

　そこで本章は，3次計画の在宅ケアに関するプログラムが認知症高齢者の暮らしの改善にどれだけ寄与するものであるかを，認知症高齢者のニーズとの関連のもとで検討し，また，プログラム理論の各要素に欠陥があるならどの部分なのかを明らかにして，改善策の検討を可能にすることを目的にした．この目的のため，評価設問と研究仮説を立て，認知症高齢者と日々関わりを持つ従事者を対象に，認知症高齢者が抱えているニーズとサービス実施状況，3次計画で予定されている活動と，その活動によって生じると想定されているアウトカム，改善の必要度合いなどについての見解を求める調査を実施した．

　3次計画は認知症者とその家族が主な対象であり，改善策を考える場合，主要な情報源としてまずは本人と家族が考えられる．既存の研究においても家族の見解に依拠するものが多くみられるが，そこには，家族という特別な関係であるがゆえの限界もあると考えられる．そこで本研究では，認知症者自身による評価が難しい部分について，家族ではなく専門職の見解に依拠して評価することを試みた．在宅サービスを通して日々認知症高齢者の生活状況を見ている立場から，3次計画についてどう考えているかを評価の素材としたのである．

（2）評価設問と研究仮説

　調査に先立って，① 第2章で作成した3次計画のロジックモデルから在宅ケアに関連する内容だけをピックアップした（図2-3，図2-7，図2-8を参照）．② それにもとづいて，評価項目および評価方法をロジックモデルの各領域と関連させて設定した（表2-12）．この評価範囲をロジックモデルに反映すると図5-1のようになる．③ 評価設問に対する結果を明らかにするための研究仮説を導き出した．

　評価設問と評価方法を導き出した理由を簡単に説明する．政策の目的を実現

第5章　在宅ケアサポートに関するプログラム理論の評価　109

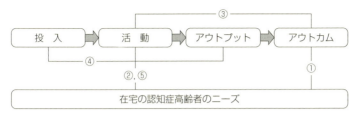

図5-1　ロジックモデル上の評価範囲

注：①〜⑤は評価設問1〜5.

するためには，ニーズがプログラム理論に適切に反映され，さらにゴールに到達するまでの道筋が論理的であることが求められる［Rossi, Lipsey and Freeman 2004］．したがって，ニーズとロジックモデルの各領域との関連性（結びつき）を確認することが，プログラム理論の妥当性を判断する手がかりになると考えられる．特に，政策の柱である「アウトカム」と「活動」については，当事者のおかれている状況を改善できる適切なアウトカムが想定されているか，また，活動がアウトカムを生み出す有効な手段となっているかの検討が重要である［Rossi, Lipsey and Freeman 2004］．そこで，まず，ニーズと3次計画の在宅ケアサポートに関するアウトカムとの関連性を検討し，次に，ニーズと3次計画の在宅ケアサポートに関する活動との関連性を検討する．補足すると，アウトカムは「認識の改善」「家族の対応力の向上」といった抽象的レベルの目標であり，このアウトカムを生み出すための活動（教育の実施などのプログラムやサービス）が対象者に直接影響を与える．したがって，当事者が抱えているニーズとアウトカムと活動，それぞれの整合性を検討する必要がある．また，ニーズとアウトカム，ニーズと活動との関連性を検討するため，分析方法は統計学的に関連性を明らかにできる相関分析が妥当であると判断した．

以上の点をふまえ，次のような評価設問と，それを明らかにするための研究仮説を設定した．

　　評価設問1：プログラムが社会状況にもたらすと期待される効果（アウトカム）が，そうした状況を改善するために必要なこと（ニーズ）と一致しているか．（ニーズとアウトカムとの関連性）［分析方法：相関分析］

　　研究仮説：認知症高齢者のニーズと3次計画で想定されているアウトカム

には正の相関がある.

　評価設問2：3次計画の活動は，認知症高齢者のニーズに対応しているか.
　　　（ニーズと活動との関連性）［分析方法：相関分析］
　研究仮説：認知症高齢者のニーズと3次計画の活動には正の相関がある.

　次に，3次計画の活動群と，その実施により生じると想定されているアウトカムが，在宅ケア政策として「論理性と説得力」をもっているかの検討である.活動が実施されてアウトカムが生じ，このアウトカムが在宅政策のゴールにつながっていくべきである.つまり，活動がアウトカムに影響を与え，これらのアウトカムによってゴールにたどり着くという，時間的な先行性の条件を有する「因果論的関係」である.言い換えれば，活動はアウトカムに影響を与えるものである必要があり，アウトカムは目指しているゴールに影響を与えるものとして想定すべきである.したがって，活動がアウトカムに影響を与えるという仮定の道筋を仮説として捉え，「因果論的視点」に立って検討するためには，活動→アウトカムの順で重回帰分析を行うことが妥当であると判断した.

　以上の点をふまえ，次のような評価設問と，それを明らかにするための研究仮説を設定した.

　評価設問3：3次計画の活動は，アウトカムを生み出すための有効な手段
　　　　　　　として構成されているか.（アウトカムに対する活動の有効性）
　　　　　　　［分析方法：重回帰分析］
　研究仮説：個々の活動は想定されているアウトカムに正の影響を与える.

　次に，活動の実施状況を把握し，それらが適切に実施されアウトプットにつながっているかを確認する.たとえニーズを反映したプログラムであっても，サービスを提供する活動が十分に機能していなければ，アウトカムにつながらないからである［Rossi, Lipsey and Freeman 2004］.そこで，アウトプットを生み出すための適切な活動ができていないなら，その原因は何かを，「サービス提供上の問題点（活動の適切性の確保に必要な資源の充足度）」と「クライアントの利用状況と利用を妨げる要因」の2点から探る.これによって，投入から活動，また活動からアウトプットに至るプロセスの欠陥を明らかにできる.

　以上の点をふまえ，次のような評価設問を設け，記述統計により分析を行う.

　評価設問4：アウトプットを生み出すための適切な活動ができないなら，

その原因は何か．（投入から活動，アウトプットに至る課題）［分析
方法：記述統計］

　最後に，プログラムの見直しの一環として，認知症高齢者がおかれている状
況を改善するために追加すべき活動を，ニーズとの関連のもとで重要度ととも
に把握する．これは必ずしも因果論的視点が問われるわけではなく，ニーズと
の関連性を示す改善策を探索するには統計学的に関連性を明らかにできる相関
分析が妥当であると判断した．
　以上の点をふまえ，次のような評価設問と，それを明らかにするための研究
仮説を設定した．

　　評価設問5：認知症高齢者のニーズをふまえ，優先して見直すべき活動は
　　　　　　　何か．（ニーズと改善策（活動）の関連性）［分析方法：相関分析］
　　研究仮説：優先して実施すべき改善策（活動）はニーズと正の相関がある．

╋ 2．調査の計画と実施

（1）調査対象機関の選定
　3次計画の「在宅ケアサポート」に関して，行政指標で確認できるアウトプ
ットと，まだ実施していない活動のアウトプット，施設だけを対象とする活動
のアウトプットを除くと，最終的に「家族休暇制度の年間6日24時間訪問療養
サービス[1]が提供できるインフラの確保と広報」「家族休暇制度の年間6日24時
間訪問療養サービスの利用」「徘徊認識票，徘徊感知器の利用」「失踪予防のた
めの関連機関どうしの協力体制確立」「カリキュラムの開発および活用，教育
への参加および履歴管理の徹底」の5つが残る．これらが今回の調査で確認で
きるアウトプットである．
　そこで，これらのアウトプットをすべて確認できる，つまり，3次計画の在
宅ケア支援に関わりをもつ24時間訪問療養機関[2]に勤務している職員を調査対象
とすることにした．これは，認知症高齢者の多くが適切な医療的措置を必要と
しており，療養と看護の2つの視点からニーズを把握することで，より包括的
な情報が得られると考えたからでもある．老人長期療養保険のホームページで
確認したところ，2016年11月時点で訪問看護を行っている機関は587か所であ
り，そのうち訪問療養も行っている，つまり年間6日24時間訪問療養サービス

の登録条件を満たしている機関は471か所であった．そこで，このすべてに質問紙を送付する全数調査を行うこととした．

（2）調査方法と対象者

年間6日24時間訪問療養サービスを提供している全国の471機関（全数）に「痴呆高齢者の生活実態と長期療養機関のサービス提供の現状に関する調査」と題する質問紙（巻末の資料4）を3部ずつ送付し，責任管理者，看護（助務）士または社会福祉士，療養保護士[3]の3者に配布するよう依頼した．

調査方法は質問紙調査票を用いる無記名の自己式郵送調査法，調査期間は2017年4月1日から同月末までとした．配布した1413部のうち388部が回収され（回収率27.5%），無回答と欠損値の多いものを除外した353部（管理責任者100部，看護（助務）士54部，社会福祉士129部，療養保護士70部）を分析対象とした（分析対象率25%）．

（3）倫理的配慮

本調査は，個人情報のない無記名の郵送調査として行った．調査票に同封した調査依頼書には，本調査の趣旨と，公表に際して機関と個人が特定されないよう処理すること，個人情報保護の遵守，研究目的以外で使用しない旨を明記し，調査票の返信により本調査への同意が得られたことにした．また，返送された調査票は厳重に保管した．

（4）質問紙の構成

1）　認知症高齢者のニーズに関する質問項目

認知症高齢者のニーズに関する質問項目は，認知症高齢者のニーズを測定するための検証された尺度が存在しないため，社会ケア関連のQOL評価尺度であるASCOT ver. 2［長澤 2012］と本書第3章のニーズ調査結果を参考に作成した．ASCOT（社会ケア関連生活の質（SCRQoL））を援用したのは，「現在のSCRQoL」を測定することによって，求められるアウトカムおよび活動との関連性を検討できるからであり，また，対策の設定に関する情報を収集するために設計されているからである．それに加えて，補うべき社会的ケアに関する政策的課題をより鮮明にするためには，生活の質を含む広い範囲で現在の認知症高齢者の状況を捉えることが，本研究の目的からも適していると判断した．

第5章　在宅ケアサポートに関するプログラム理論の評価　*113*

表5-1　認知症高齢者のニーズに関する質問項目

日常生活のコントロール	Q1-1.　何をするかお年寄り自身で決めている.
個人の清潔さと快適さ	Q1-2.　身のまわりの管理（清潔，身だしなみなど）が適切になされている.
食事と栄養	Q1-3.　十分な食事が定期的によくできている.
安全（虐待）	Q1-4-1.　周辺（家族など）での虐待はない.
安全（転倒）	Q1-4-2.　転倒防止のための対策が居住空間に設けられている.
社会参加	Q1-5-1.　地域の一員として受け入れられている.
関与	Q1-5-2.　まわりに安心して相談できる誰かがいる.
活動	Q1-6.　適切な社会参加活動（集会，趣味活動など）をしている.
居所の清潔さと快適さ	Q1-7.　居住環境が快適で適切である.
尊厳	Q1-8.　本人の意思が尊重されている.
医学的管理（治療）	Q1-9-1.　適切な認知症治療を受けている.
医学的管理（服薬）	Q1-9-2.　薬の服用が円滑によくなされている.
自由な外出	Q1-10-1.　外出を自由にしている.
移動手段の確保	Q1-10-2.　必要な場合に移動手段が確保できる.
偏見	Q1-11-1.　家族や周囲の人は認知症に関する十分な知識をもっている.
偏見	Q1-11-2.　周囲に認知症に対する偏見はない.
BPSDへの対応	Q1-12.　家族や周囲の人は認知症の周辺症状（徘徊，妄想など）に適切に対応している.
精神的・情緒的支援	Q1-13.　周囲から適切な精神的・情緒的支援がなされている.

　ASCOTは以下の8つの項目からなる. ① 日常生活のコントロール（何を，いつするかを選択でき，日常生活や活動を制御できる）, ② 個人の清潔さと快適さ（清潔・快適で見苦しくなく，好みを反映した装いや身だしなみができている）, ③ 食事と栄養（十分な食料や飲料を定期的に摂取し，栄養があり，多様で文化的にふさわしい食事ができている）, ④ 安全（虐待や転倒，身体的な危害を加えられるおそれがない）, ⑤ 社会参加と関与（友人・家族との関係の継続，参加やコミュニティに属している意識）, ⑥ 活動（雇用，無償労働，他者のケア，レジャー等の多様で有意義な活動で満たされている）, ⑦ 居所の清潔さと快適さ（すべての居室を含む住環境が清潔で快適と感じる）, ⑧ 尊厳（支援やケアが利用者の自己肯定感に与える否定的・肯定的な影響）. これに，ニーズ調査によって明らかになったニーズである, ⑨ 医学的管理, ⑩ 自由な外出と移動手段, ⑪ 偏見, ⑫ BPSDへの対応, ⑬ 精神的・情緒的支援を加え，認知症高齢者のニーズに関する18の質問項目を作成した（表5-1）.

　以上の18項目について，① まったくそうではない（1点）, ② そうではない（2点）, ③ 少しそうである（3点）, ④ とてもそうである（4点）の4段階で回答を求め，4点満点で得点化した. 4点に近いほどニーズが満たされていると

捉えられていることを意味する.

2) 活動とアウトカムに関する質問項目

活動とアウトカムに関する質問項目は，第2章で作成した3次計画の目標Ⅱのロジックモデルから，「在宅ケアサポート」に関する活動と，それぞれの活動によって期待されるアウトカムをピックアップして作成した．活動によって生まれるアウトカムは「短期」「中期」「長期」に分けて想定されているため，意味合いが重なるものと，認知症高齢者との直接的な関わりが薄い「痴呆扶養負担の軽減」などを除外し，代表的な意味合いをもつアウトカム6つを選択し，質問項目とした．

そのうえで，表5‐2に示す15の活動項目について，①まったく必要ではない（1点），②あまり必要ではない（2点），③少し必要である（3点），④非常に必要である（4点）の4段階で回答を求め，4点満点で得点化した．4に近いほど必要度が高いと捉えられていることを意味する．

また，それぞれの活動によってアウトカムが生み出される可能性が十分であるか，①まったくそうではない（1点），②そうではない（2点），③少しそうである（3点），④非常にそうである（4点）の4段階で回答を求め，4点満点で得点化した．4に近いほどアウトカムの実現可能性が高いと評価されていることを意味する．

3) サービスの実施状況に関する質問項目

サービス提供上の問題点と，クライアントの利用を妨げる要因を明らかにするため，「家族休暇制度」「徘徊認識票，徘徊感知器」「失踪予防のための関連機関の協助体系」について，表5‐3に示す質問項目を作成した．

4) 改善策の必要度に関する質問項目

プログラムの見直しに必要な改善策の必要度に関する質問項目は，第3章の調査を通して明らかになった必要な活動（改善策）にもとづいて作成した（表5‐4）．「日常生活の維持（在宅サービスの充実）」「適切な医療的支援」「サービスの質の向上」「尊厳」の4カテゴリーからなる21の活動項目について，①まったく必要ではない（1点），②あまり必要ではない（2点），③少し必要である（3点），④非常に必要である（4点）の4段階で回答を求め，4点満点で得点

第5章　在宅ケアサポートに関するプログラム理論の評価　　115

表5‒2　3次計画で実施される活動とそれによって期待されるアウトカムに関する質問項目

活　　動	活動によって期待されるアウトカム
Q2-6.　痴呆老人カスタマイズ型老人長期療養サービスの提供マニュアルの開発・普及 Q2-7.　医師，看護師，療養保護士など従事者の業務に即した教育プログラムの開発・提供 Q2-8.　痴呆専門教育および履歴管理の支援	従事者の力量強化（Q4）
Q2-1.　1・2等級対象者に年間6日以内で月の限度額と関係なく24時間訪問療養を提供（痴呆家族休暇制度） Q2-2.　療養・看護統合在宅サービスの導入 Q2-3.　療養・看護統合在宅サービスを通じた服薬管理の徹底と家族への痴呆教育の提供	家族の痴呆対応力の向上（Q5）
Q2-13.　施設従事者の人権教育，人権マニュアルの作成・配布など，虐待予防のためのモニタリング強化 Q2-15.　痴呆患者の生涯末期医療ケアに関する教育プログラムの開発・普及	痴呆高齢者の権利擁護（Q6）
Q2-4.　痴呆老人転倒防止および住居環境指針の開発 Q2-5.　痴呆老人失踪予防のための徘徊認識票などの広報拡大	痴呆高齢者の安全確保（Q7）
Q2-12.　療養施設およびデイサービスセンターにおける痴呆ユニットの設置・運営 Q2-14.　痴呆非薬物治療法の開発および実用化の支援	痴呆高齢者の身体・認知機能改善（Q8）
Q2-9.　長期療養5等級対象者選定の客観性の強化 Q2-10.　長期療養5等級認知活動型プログラムの効果性の評価 Q2-11.　長期療養5等級対象者への家事サービスの支援	長期療養サービスの質の向上（Q9）

表5‒3　サービス実施状況に関する質問項目

活　　動	質問項目
・家族休暇制度 　（24時間サービス関連）	・利用状況（職員の制度についての認知の有無：Q10，サービス提供件数：Q11） ・利用を妨げる要因（Q12） ・サービス提供上の問題点（投入を含む）（Q13）
・徘徊認識票，徘徊感知器	・利用状況（職員の認知の有無：Q14，提供件数：Q15） ・利用を妨げる要因（Q16）
・失踪予防のための関連機関の協助体系	・協助の程度（Q17） ・できていない要因（Q18―自由記述）

表5-4　改善策の必要度に関する質問項目

Q19-1.	在宅長期療養機関の拡充
Q19-2.	利用限度額の増額
Q19-3.	本人負担金の軽減
Q19-4-1.	在宅サービスの強化
Q19-4-2.	家族休暇制度の対象者拡大
Q19-4-3.	家族休暇制度の日数拡大
Q19-4-4.	ショートステイサービスの活性化
Q19-4-5.	予防中心のリハビリ
Q19-4-6.	配食サービスの対象者拡大
Q19-4-7.	外出支援策の拡充
Q19-4-8.	訪問歯科サービス
Q19-4-9.	訪問栄養教育サービス
Q19-4-10.	認知改善プログラムの多様化
Q19-5.	専門人材の育成
Q19-6.	保険報酬の引き上げ
Q19-7.	評価判定基準の改編
Q19-8.	老人長期療養保険制度の広報
Q19-9.	評価マニュアルの改善
Q19-10.	サービス連携機能の強化
Q19-11.	意思決定支援
Q19-12.	精神的・情緒的サポート

化した．4に近いほど必要度が高いと捉えられていることを意味する．

5）対象者の基本属性

対象者の基本属性については，機関の所在地（Q22），性別（Q23），年齢（Q24），機関で提供しているサービスの種類（Q25），機関の運営主体（Q26），職種（Q27），資格・免許（Q28），勤務年数（Q29），機関の利用者数（Q30, Q31），機関の職員数（Q32, Q34）を尋ねた．

（5）分析方法

分析にあたっては，まず，基本属性に関する回答結果を記述統計により整理した．

次に，評価設問1「ニーズとアウトカムとの関連性」の検証のため，分析に使用する変数である「ニーズを問う18項目」「アウトカムを問う6項目」の回答結果を記述統計により整理した．さらに，認知症高齢者が抱えているニーズ

の構造を明らかにするため，プロマックス回転を伴う最尤法による因子分析を
行った．質問項目の内的一貫性（信頼性）は，Cronbach α 信頼係数で検討した．
また，認知症高齢者のニーズの充足程度を明らかにするため，各因子の下位項
目を加算し，その平均を算出した得点を「下位尺度得点」とし，その平均値を
比較した．続いて，「ニーズを問う18項目」から抽出された因子を変数として
使用し，アウトカムに関する各変数の関連性を確認するため，ピアソンの積率
相関分析を行い，相関係数（r）が.2より大きいものに網かけをし，最も高い
相関係数は太字で表した（表5‐9）．

　評価設問2「ニーズと活動との関連性」の検証においては，認知症高齢者の
ニーズに関する変数として，評価設問1の検討で抽出された因子を使用した．
活動変数は，「活動の必要度を問う15項目」の回答結果を記述統計により整理
した．次に，認知症高齢者のニーズに関する変数と活動変数との関連性を確認
するため，ピアソンの積率相関分析を行い，有意な関連性を示す変数に網かけ
をした（表5‐11）．

　評価設問3「アウトカムに対する活動の有効性」の検証においては，アウト
カムと関連性のある活動を探索するため，重回帰分析を行った．具体的には，
活動に関する15の項目を説明変数，その活動によって生まれると想定されてい
る6つのアウトカムをひとつずつ被説明変数とし，ステップワイズ法を用いて
重回帰分析を6回行った．どの活動がどのアウトカムと関連性を示すか，つま
りは影響を与えうるかを，統計学的観点から有用な順に被説明変数を作用し，
より探索的かつ形成的に関連性を把握するためである．

　評価設問4「アウトプットを生み出すための適切な活動ができないなら，そ
の原因は何か（投入から活動，アウトプットに至る課題）」は，関連項目の回答結果
を記述統計により整理し，検討した．

　最後の評価設問5「ニーズと改善策（活動）の関連性」の検証においては，
認知症高齢者のニーズに関する変数として，評価設問1の検討で抽出された因
子を使用した．また，「改善策（活動）の必要度を問う15項目」の回答結果を記
述統計により整理した．さらに，認知症高齢者のニーズに関する変数と「改善
策（活動）の必要度を問う15項目」の変数との関連性を探索するため，ピアソ
ンの積率相関分析を行い，相関係数（r）が.2より大きいものに網かけをした
（表5‐18）．

　以上の分析にはIBM SPSS Statistics Ver. 24.0を用いた．

＋ 3．回答を分析する

（1）回答者の基本属性

　回答者の基本属性の度数分布を表5－5に示す．性別は，男性50人（14.2%），女性303人（85.8%）であった．年齢は，50代が145人（41.1%）で最も多く，次いで40代92人（26.1%），60代以上53人（15.0%），30代41人（11.6%），20代22人（6.2%）であった．機関に登録している回答者の職種（現在勤務地での職種）は，管理責任者100人（28.3%），社会福祉士129人（36.5%），療養保護士70人（19.8%），看護（助務）士54人（15.3%）であった．勤務年数は1～5年未満が143人（40.8%）で最も多く，次いで5～10年未満が116人（33.3%）であった．

（2）認知症高齢者の生活ニーズの因子構造

　認知症高齢者のニーズに関する18の項目について，平均値が高くニーズが比較的満たされていると捉えられている5項目をみると，「周辺（家族など）での虐待はない」が3.35点で最も高く，次いで「薬の服用が円滑によくなされている」3.18点，「居住環境が快適で適切である」2.97点，「適切な痴呆治療を受け

表5－5　回答者の基本属性

（N＝353）

基本属性	カテゴリー	度数(%)
性　　別	男性	50(14.2)
	女性	303(85.8)
年　　齢	20代	22(6.2)
	30代	41(11.6)
	40代	92(26.1)
	50代	145(41.1)
	60代以上	53(15.0)
職　　名	管理責任者	100(28.3)
	社会福祉士	129(36.5)
	看護（助務）士	54(15.3)
	療養保護士	70(19.8)
勤務年数	1年未満	46(12.8)
	1～5年未満	143(40.8)
	5～10年未満	116(33.3)
	10年以上	48(13.8)

第5章　在宅ケアサポートに関するプログラム理論の評価　*119*

表5-6　認知症高齢者のニーズに関する回答結果の平均値と標準偏差

(N＝353)

項　目		平均値	標準偏差
Q1-6.	適切な社会参加活動（集会，趣味活動など）をしている	1.92	0.888
Q1-10-1.	外出を自由にしている	2.18	0.883
Q1-1.	何をするかお年寄り自身で決めている	2.20	0.86
Q1-2.	身のまわりの管理（清潔，身だしなみなど）が適切になされている	2.50	0.92
Q1-5-1.	地域の一員として受け入れられている	2.50	0.892
Q1-11-2.	周囲に認知症に対する偏見はない	2.63	0.83
Q1-11-1.	家族や周囲の人は認知症に関する十分な知識をもっている	2.69	0.798
Q1-13.	周囲から適切な精神的・情緒的支援がなされている	2.74	0.808
Q1-10-2.	必要な場合に移動手段が確保できる	2.75	0.844
Q1-12.	家族や周囲の人は認知症の周辺症状（徘徊，妄想など）に適切に対応している	2.75	0.775
Q1-4-2.	転倒防止のための対策が居住空間に設けられている	2.81	0.818
Q1-5-2.	まわりに安心して相談できる誰かがいる	2.85	0.875
Q1-8.	本人の意思が尊重されている	2.86	0.823
Q1-3.	十分な食事が定期的によくできている	2.87	0.868
Q1-9-1.	適切な認知症治療を受けている	2.94	0.757
Q1-7.	居住環境が快適で適切である	2.97	0.842
Q1-9-2.	薬の服用が円滑によくなされている	3.18	0.785
Q1-4-1.	周辺（家族など）での虐待はない	3.35	0.895

天井効果（5＜m＋SD），床効果（1＞m－SD）
注：18項目の分布の偏りを検討した結果，天井効果（ceiling effect）および床効果（floor effect）の認められる項目はなかった.

ている」2.94点，「十分な食事が定期的によくできている」2.87点であった.
一方，平均値が低く問題として捉えられている5項目は，「適切な社会参加活動（集会，趣味活動など）をしている」が1.92点で最も低く，次いで「外出を自由にしている」2.18点，「何をするかお年寄り自身で決めている」2.20点，「身のまわりの管理（清潔，身だしなみなど）が適切になされている」2.50点，「地域の一員として受け入れられている」2.50点であった（表5-6）.

　さらに，従事者が捉えている認知症高齢者のニーズ構造を明らかにするため，認知症高齢者の生活実態を測定した18項目について，プロマックス回転による最尤法を用いて因子分析を行った[6]. 固有値は1.00以上を採用し，因子負荷が0.40未満の項目と，2つの因子が同時に0.40以上になった項目を除外して，因子分析を3回行い，最終的に15項目，3因子を抽出した（表5-7）.

　表5-7の3つの因子を「認知症高齢者のニーズ」を構成する概念とし，因子負荷量と観測変数の内容を参考に以下の因子名を付けた.

表5-7 認知症高齢者のニーズに関する探索的因子分析の結果
(最尤法・プロマックス回転)

(N=353)

項　目	因子負荷量			平均値
	1	2	3	
第1因子（α＝.853）				2.75
Q1-13.　周囲から適切な精神的・情緒的支援がなされている	.853	−.049	−.011	2.74
Q1-12.　家族や周囲の人は認知症の周辺症状（徘徊，妄想など）に適切に対応している	.802	−.063	.043	2.75
Q1-11-2.　周囲に認知症に対する偏見はない	.720	.001	−.095	2.63
Q1-11-1.　家族や周囲の人は認知症に関する十分な知識をもっている	.618	−.067	.103	2.69
Q1-8.　本人の意思が尊重されている	.556	.210	.009	2.86
Q1-5-2.　まわりに安心して相談できる誰かがいる	.453	.105	.172	2.85
第2因子（α＝.729）				2.26
Q1-1.　何をするかお年寄り自身で決めている	−.137	.760	−.141	2.20
Q1-2.　身のまわりの管理（清潔，身だしなみなど）が適切になされている	−.122	.626	.236	2.50
Q1-10-1.　外出を自由にしている	.118	.587	−.130	2.18
Q1-6.　適切な社会参加活動（集会，趣味活動など）をしている	.099	.487	.052	1.92
Q1-5-1.　地域の一員として受け入れられている	.198	.420	−.011	2.50
第3因子（α＝.763）				2.99
Q1-9-2.　薬の服用が円滑によくなされている	−.047	−.170	.914	3.18
Q1-7.　居住環境が快適で適切である	.187	.094	.534	2.97
Q1-9-1.　適切な認知症治療を受けている	.170	−.038	.530	2.94
Q1-3.　十分な食事が定期的によくできている	−.023	.268	.459	2.87
因子間相関　第1因子	1	0.519	0.701	
第2因子	—	1	0.538	
第3因子	—	—	1	
除外された項目　Q4-1.　周辺（家族など）での虐待はない Q4-2.　転倒防止のための対策が居住空間に設けられている Q10-2.　必要な場合に移動手段が確保できる				

　第1因子は6項目で構成されており，「精神的・情緒的支援」「周辺症状（徘徊，妄想など）への対応」「周囲の認知症に対する偏見はない」「家族や周囲の人の認知症に関する十分な知識」「意思の尊重」のうち，周囲からの適切な精神的・情緒的支援に関する項目が高い負荷量を示していた．各項目は他者による

理解や適切な対応によって精神的・情緒的安定につながると考えられるため，「精神的・情緒的安定に関するニーズ」と命名した．

第2因子は「自己決定」「身のまわりの管理」「自由な外出」「社会との関わり」の5項目で構成されており，自律的な社会参加に関する項目が高い負荷量を示していた．そこで，「社会とのつながりに関するニーズ」と命名した．

第3因子は「円滑な薬の服用」「居住環境の快適さ」「適切な治療」「十分かつ定期的な食事」の4項目で構成されており，生活に関わる基礎的な項目が高い負荷量を示していたため，「日常生活に関する基礎的ニーズ」と命名した．

各因子のCronbach α 信頼係数は，第1因子0.853，第2因子0.729，第3因子0.763といずれも0.70以上，全体では0.881という値を示しており，内的一貫性は十分であると判断した．

（3）評価設問1：ニーズとアウトカムとの関連性

評価設問1の研究仮説「認知症高齢者のニーズと3次計画で想定されているアウトカムには正の相関がある」を検証するため，上記の3つの因子とアウトカムに関する6つの項目とのピアソンの積率相関分析を行った．まず，アウトカムに関する6つの項目の回答結果について，項目別の平均値と標準偏差，全体の平均値を表5-8に示す．

全体の平均値は2.81点で，比較的高かった．平均値の高い順にみると，「長期療養サービスの質の向上」2.89点，「痴呆高齢者の安全確保」2.85点，「従事者の力量強化」2.83点，「痴呆高齢者の権利擁護」2.83点，「痴呆高齢者の身体・認知機能改善」2.78点，「家族の痴呆対応力の向上」2.76点であった．

表5-8　アウトカムに関する項目の平均値と標準偏差

（N＝353）

項　　目	平均値	標準偏差
Q9. 長期療養サービスの質の向上	2.89	.790
Q7. 痴呆高齢者の安全確保	2.85	.777
Q4. 従事者の力量強化	2.83	.815
Q6. 痴呆高齢者の権利擁護	2.83	.813
Q8. 痴呆高齢者の身体・認知機能改善	2.78	.753
Q5. 家族の痴呆対応力の向上	2.76	.822
全　　体	2.81	

表 5 - 9　ニーズとアウトカムとの相関分析の結果

(N＝353)

	Q4. 従事者の力量強化	Q5. 家族の痴呆対応力の向上	Q6. 痴呆高齢者の権利擁護	Q7. 痴呆高齢者の安全確保	Q8. 痴呆高齢者の身体・認知機能改善	Q9. 長期療養サービスの質の向上
第1因子「精神的・情緒的安定に関するニーズ」	.201**	.236**	.239**	**.256****	.230**	.215**
第2因子「社会とのつながりに関するニーズ」	.144**	.142**	.213**	**.220****	.181**	.147**
第3因子「日常生活に関する基礎的ニーズ」	.150**	0.102	.196**	.166**	.150**	.157**

**p＜0.01.

　3つの因子とアウトカムに関する6つの項目とのピアソンの積率相関分析の結果を表5-9に示す．これをみると，第1因子「精神的・情緒的安定に関するニーズ」は6つのアウトカムすべてと有意な正の相関がみられた．また，第2因子「社会とのつながりに関するニーズ」は「痴呆高齢者の権利擁護」（r＝0.213，p＜0.01），「痴呆高齢者の安全確保」（r＝0.220，p＜0.01）と有意な正の相関がみられ，第3因子「日常生活に関する基礎的ニーズ」は0.2＜|r|の有意な正の相関が認められるアウトカムがなかった．

（4）評価設問2：ニーズと活動との関連性

　評価設問2の研究仮説「認知症高齢者のニーズと3次計画の活動には正の相関がある」を検証するため，3つの因子と活動の必要度を問う15の項目とのピアソンの積率相関分析を実施した．まず，活動に関する15の項目の回答結果について，項目別の平均値と標準偏差を表5-10に示す．

　活動に関する15の項目について，平均値が高く必要だと考えられている3項目をみると，「痴呆老人失踪予防のための徘徊認識票などの広報拡大」が3.67点で最も高く，次いで「医師，看護師，療養保護士など従事者の業務に即した教育プログラムの開発・提供」の3.61点，「療養・看護統合在宅サービスを通

第5章　在宅ケアサポートに関するプログラム理論の評価　*123*

表5-10　活動に関する項目の平均値と標準偏差

(N＝353)

項　　目	平均値	標準偏差
Q2-5.　痴呆老人失踪予防のための徘徊認識票などの広報拡大	3.67	.565
Q2-7.　医師，看護師，療養保護士など従事者の業務に即した教育プログラムの開発・提供	3.61	.588
Q2-3.　療養・看護統合在宅サービスを通じた服薬管理の徹底と家族への痴呆教育の提供	3.60	.641
Q2-6.　痴呆老人カスタマイズ型老人長期療養サービスの提供マニュアルの開発・普及	3.59	.606
Q2-4.　痴呆老人転倒防止および住居環境指針の開発	3.56	.601
Q2-15.　痴呆患者の生涯末期医療ケアに関する教育プログラムの開発・普及	3.50	.666
Q2-8.　痴呆専門教育および履歴管理の支援	3.48	.636
Q2-2.　療養・看護統合在宅サービスの導入	3.47	.754
Q2-9.　長期療養5等級対象者選定の客観性の強化	3.47	.670
Q2-14.　痴呆非薬物治療法の開発および実用化の支援	3.46	.661
Q2-11.　長期療養5等級対象者への家事サービスの支援	3.42	.699
Q2-13.　施設従事者の人権教育，人権マニュアルの作成・配布など，虐待予防のためのモニタリング強化	3.33	.707
Q2-12.　療養施設およびデイサービスセンターにおける痴呆ユニットの設置・運営	3.33	.753
Q2-10.　長期療養5等級認知活動型プログラムの効果性の評価	3.32	.748
Q2-1.　1・2等級対象者に年間6日以内で月の限度額と関係なく24時間訪問療養を提供（痴呆家族休暇制度）	3.25	.848

天井効果（5＜m＋SD），床効果（1＞m－SD）
注：18項目の分布の偏りを検討した結果，天井効果および床効果の認められる項目はなかった.

じた服薬管理の徹底と家族への痴呆教育の提供」の3.60点であった.

　3つの因子と活動に関する15の項目とのピアソンの積率相関分析の結果を表5-11に示す.

　この結果から，0.2＜|r|ではないが有意な正の相関を示した活動を，認知症高齢者のニーズと相関がみられた活動とみられなかった活動に整理すると表5-12のようになる.　3つの因子との相関を示さない活動は必要ないと一概には言えないが，相関がみられた活動は現在のニーズに対応している，つまり必要な活動であると解釈できる.

　とりわけ注目に値する結果は，第2因子「社会とのつながりに関するニーズ」との関連性を示す活動が「長期療養5等級認知活動型プログラムの効果性の評価」（r＝0.171, p＜.01）しかないことである（表5-11）．これだけで第2因子のニーズを充足できる可能性はきわめて低いと推測され，活動が著しく不足

表 5 - 11　ニーズと活動との相関分析の結果

(N＝353)

活動項目	第1因子「精神的・情緒的安定に関するニーズ」	第2因子「社会とのつながりに関するニーズ」	第3因子「日常生活に関する基礎的ニーズ」
Q2-1.　1・2等級対象者に年間6日以内で月の限度額と関係なく24時間訪問療養を提供（痴呆家族休暇制度）	0.080	0.046	0.075
Q2-2.　療養・看護統合在宅サービスの導入	0.098	0.03	0.099
Q2-3.　療養・看護統合在宅サービスを通じた服用管理の徹底と家族への痴呆教育の提供	−0.008	−0.063	−0.027
Q2-4.　痴呆老人転倒防止および住居環境指針の開発	0.126*	0.016	0.083
Q2-5.　痴呆老人失踪予防のための徘徊認識票などの広報拡大	0.038	−0.029	0.064
Q2-6.　痴呆老人カスタマイズ型老人長期療養サービスの提供マニュアルの開発・普及	0.109*	0.043	0.117*
Q2-7.　医師，看護師，療養保護士など従事者の業務に即した教育プログラムの開発・提供	0.016	0.028	0.107*
Q2-8.　痴呆専門教育および履歴管理の支援	0.100	0.065	0.114*
Q2-9.　長期療養5等級対象者選定の客観性の強化	0.088	0.074	0.070
Q2-10.　長期療養5等級認知活動型プログラムの効果性の評価	0.144**	0.171**	0.167**
Q2-11.　長期療養5等級対象者への家事サービスの支援	0.066	0.084	0.069
Q2-12.　療養施設およびデイサービスセンターにおける痴呆ユニットの設置・運営	0.145**	0.052	0.156**
Q2-13.　施設従事者の人権教育，人権マニュアルの作成・配布など，虐待予防のためのモニタリング強化	0.155**	0.102	0.118*
Q2-14.　痴呆非薬物治療法の開発および実用化の支援	0.108*	0.024	0.089
Q2-15.　痴呆患者の生涯末期医療ケアに関する教育プログラムの開発・普及	0.096	0.067	.139**

*p＜.05，**p＜.01

していることがわかる．

第5章　在宅ケアサポートに関するプログラム理論の評価　*125*

表5‐12　ニーズと3次計画の活動との関連性

ニーズとの関連性を示す活動	ニーズとの関連性を示さない活動
Q2‐4．痴呆老人転倒防止および住居環境指針の開発	Q2‐1．1・2等級対象者に年間6日以内で月の限度額と関係なく24時間訪問療養を提供（痴呆家族休暇制度）
Q2‐6．痴呆老人カスタマイズ型老人長期療養サービスの提供マニュアルの開発・普及	Q2‐2．療養・看護統合在宅サービスの導入
Q2‐7．医師，看護師，療養保護士など従事者の業務に即した教育プログラムの開発・提供	Q2‐3．療養・看護統合在宅サービスを通じた服薬管理の徹底と家族への痴呆教育の提供
Q2‐8．痴呆専門教育および履歴管理の支援	Q2‐5．痴呆老人失踪予防のための徘徊認識票などの広報拡大
Q2‐10．長期療養5等級認知活動型プログラムの効果性の評価	Q2‐9．長期療養5等級対象者選定の客観性の強化
Q2‐12．療養施設およびデイサービスセンターにおける痴呆ユニットの設置・運営	Q2‐11．長期療養5等級対象者への家事サービスの支援
Q2‐13．施設従事者の人権教育，人権マニュアルの作成・配布など，虐待予防のためのモニタリング強化	
Q2‐14．痴呆非薬物治療法の開発および実用化の支援	
Q2‐15．痴呆患者の生涯末期医療ケアに関する教育プログラムの開発・普及	

（5）評価設問3：アウトカムに対する活動の有効性

評価設問3の研究仮説「個々の活動は想定されているアウトカムに正の影響を与える」を検証するため，活動に関する15の項目を説明変数，その活動によって生まれると想定されている6つのアウトカムをひとつずつ被説明変数とし，ステップワイズ法を用いて重回帰分析を6回行った（表5‐13）．どの活動がどのアウトカムと関連性を示すか，つまり，統計学的観点から関連性の高い被説明変数を，より探索的かつ形成的に把握するためである．

表5‐13の分析結果をみると，従事者の力量強化（Q4）のアウトカムでは，「24時間訪問療養サービスの導入（家族休暇制度）」（$\beta=0.149$, $p<0.01$）が，家族の対応力向上（Q5）でも，「24時間訪問療養サービスの導入（家族休暇制度）」（$\beta=0.205$, $p<0.001$）が被説明変数の説明に寄与する変数として統計学的に有意であった．

権利擁護（Q6）のアウトカムでは，「施設従事者の人権教育，人権マニュアル作成・配布などの虐待モニタリング強化」（$\beta=0.142$, $p<0.01$），「24時間訪問療養サービスの導入（家族休暇制度）」（$\beta=0.133$, $p<0.05$）が被説明変数の説明に寄与する変数として統計学的に有意であった．

126

表 5 - 13 「活動群」を説明変数,「アウトカム」を被説明変数とする重回帰分析の結果

	従事者の力量強化 (Q4)		家族の対応力向上 (Q5)		権利擁護 (Q6)		安全確保 (Q7)		身体・認知機能改善 (Q8)		長期療養サービスの質の向上 (Q9)	
	β	VIF	β	VIF	β	VIF	β	VIF	β	VIF	β	VIF
Q2-1. 24時間訪問療養サービスの導入（家族休暇制度）	0.149**	1.00	0.205***	1.00	0.133*	1.080	0.137*	1.092				
Q2-2. 療養・看護統合型在宅サービスの導入												
Q2-3. 療養・看護統合型在宅サービスによる家族への教育												
Q2-4. 痴呆老人転倒防止および住居環境指針の開発							0.112*	1.092				
Q2-5. 痴呆老人失踪予防のための徘徊認識票などの広報拡大												
Q2-6. 痴呆老人カスタマイズ型老人長期療養サービスの提供マニュアルの開発・普及												
Q2-7. 医師, 看護師, 療養保護士など従事者の業務に即したカリキュラムの開発・提供									0.116*	1.070	0.134*	1.132
Q2-8. 専門教育および履歴管理支援												
Q2-9. 5 等級の対象者選定の客観性強化												
Q2-10. 認知活動型プログラムの効果性評価												
Q2-11. 5 等級の対象者への家事サービス支援案の検討									0.109*	1.070		
Q2-12. 療養施設・デイサービスセンターでの痴呆ユニットの設置・運営												
Q2-13. 施設従事者の人権教育, 人権マニュアル作成・配布などの虐待モニタリング強化					0.142**	1.080					0.129*	1.132
Q2-14. 痴呆非薬物治療法の開発および実用化支援												
Q2-15. 痴呆患者生涯末期の医療・ケアに関連する根拠と教育カリキュラムの開発												
決定係数（調整済み R^2）												

β：標準偏回帰係数, *p<.05, **p<.01, ***p<.001

第5章　在宅ケアサポートに関するプログラム理論の評価　*127*

　安全確保（Q7）のアウトカムでは，「24時間訪問療養サービスの導入（家族休暇制度）」（$\beta=0.137$，p<0.05），「痴呆老人転倒防止および住居環境指針の開発」（$\beta=0.112$，p<0.05）が被説明変数の説明に寄与する変数として統計学的に有意であった．

　身体・認知機能改善（Q8）のアウトカムでは，「医師・看護師・療養保護士など従事者の業務に合ったカリキュラムの開発・提供」（$\beta=0.116$，p<0.05），「5等級の対象者への家事サービス支援案の検討」（$\beta=0.109$，p<0.05）が被説明変数の説明に寄与する変数として統計学的に有意であった．

　長期療養サービスの質の向上（Q9）のアウトカムでは，「医師・看護師・療養保護士など従事者の業務に合ったカリキュラムの開発・提供」（$\beta=0.134$，p<0.05），「施設従事者の人権教育，人権マニュアル作成・配布などの虐待モニタリング強化」（$\beta=0.129$，p<0.05）が被説明変数の説明に寄与する変数として統計学的に有意であった．

　VIF値はいずれも10未満であり，多重共線性はみられなかった．

（6）評価設問4：アウトプットが低調な原因

　評価設問4「アウトプットを生み出すための適切な活動ができないなら，その原因は何か」を検討するため，関連項目の回答結果を記述統計により整理した（表5-14〜表5-16）．

　まず，家族休暇制度については，「知っていた」279人（79%），「この質問紙を受け取るまでは知らなかった」74人（21%），家族休暇制度を申請した利用者に24時間訪問療養サービスを提供したことは「ある」29人（8.2%），「ない」324人（91.8%）であった．提供したことが「ある」場合，2017年3月の1か月では平均2.69回であった．クライアントの利用が低調な理由は，「1，2等級対象者に限定」152人（43.1%）が最も多く，「広報不足」111人（31.4%），「利用できる機関が不足」47人（13.3%），「その他」43人（12.2%）であった．サービス提供が困難な理由は，「療養保護士の人手不足」148人（41.9%）が最も多く，「低報酬で対応困難」80人（22.7%），「費用負担で利用者が拒否」46人（13.0%），「勤労意欲低下」27人（7.6%），「労働法遵守のため」27人（7.6%），「その他」14人（4.0%）であった（表5-14）．

　徘徊認識票および徘徊感知器については，「知っていた」257人（72.8%），「この質問紙を受け取るまでは知らなかった」96人（27.2%），提供したことは

表 5 - 14 家族休暇制度の利用状況

(N＝353)

質問項目	回　答	N	%	M	SD
Q10.　家族休暇制度について	知っていた	279	79		
	知らなかった	74	21		
Q11.　24時間訪問療養サービス提供の有無	ある	29	8.2		
	ない	324	91.8		
24時間サービスの提供回数 （2017年3月）	最小値：1 最大値：4			2.69	.798
Q12.　クライアントの利用が低調な理由	広報不足	111	31.4		
	1，2等級対象者に限定	152	43.1		
	利用できる機関が不足	47	13.3		
	その他	43	12.2		
Q13.　サービス提供が困難な理由	費用負担で利用者が拒否	46	13.0		
	低報酬で対応困難	80	22.7		
	労働法遵守のため	27	7.6		
	療養保護士の人手不足	148	41.9		
	看護職員の人手不足	10	2.8		
	勤労意欲低下	28	7.9		
	その他	14	4.0		

「ある」44人（12.5％），「ない」309人（87.5％）であった．提供したことが「ある」場合，2017年3月の1か月で平均2.59回であった．サービス提供が困難な理由は，「福祉用具についてあまり知らない」108人（30.6％）が最も多く，「案内しても無関心」74人（21.0％），「必要性を感じない」60人（17.0％），「利用が面倒」43人（12.2％），「利用料の負担」28人（7.9％），「その他」40人（11.3％）であった（表5‐15）．

　失踪予防のための機関どうしの協力体系はよくできているかという質問に対しては，「少しそうである」174人（49.3％），「あまりそうではない」114人（32.3％），「まったくそうではない」35人（9.9％），「とてもそうである」30人（8.5％）であった（表5‐16）．

第5章　在宅ケアサポートに関するプログラム理論の評価　*129*

表5‑15　徘徊認識票および徘徊感知器の利用状況

(N＝353)

質問項目	回答	N	%	M	SD
Q14. 徘徊認識票および徘徊感知器について	知っていた	257	72.8		
	知らなかった	96	27.2		
Q15. サービス提供の有無	ある	44	12.5		
	ない	309	87.5		
サービス提供につながった回数（2017年3月）	最小値：1 最大値：15			2.59	3.270
Q16. 利用が低調な理由	必要性を感じない	60	17.0		
	案内しても無関心	74	21.0		
	福祉用具についてあまり知らない	108	30.6		
	利用が面倒	43	12.2		
	利用料の負担	28	7.9		
	その他	40	11.3		

表5‑16　失踪予防協力体系

(N＝353)

質問項目	回答	N	%	M	SD
Q17. 失踪予防のための機関どうしの協力体系はよくできている	まったくそうではない	35	9.9		
	あまりそうではない	114	32.3		
	少しそうである	174	49.3		
	とてもそうである	30	8.5		

（7）評価設問5：ニーズと改善策（活動）の関連性

　評価設問5の研究仮説「優先して実施すべき改善策（活動）はニーズと正の相関がある」を検証するため，3つの因子と改善策（活動）の必要度を問う21項目とのピアソンの積率相関分析を実施した．まず，改善策（活動）に関する21項目の回答結果について，項目別の平均値と標準偏差を表5‑17に示す．

　改善策（活動）に関する21項目について，平均値が高く必要性を強く感じている3項目をみると，「お年寄りの状態に合わせたサービス（在宅，入所，病院など）連携機能の強化」が3.5点で最も高く，次いで「痴呆専門の社会福祉士，看護師，訪問療養保護士など専門人材の養成」3.49点，「身体機能中心となっ

表 5 - 17　改善策の優先度

(N＝353)

項　目		平均値	標準偏差
Q19-10.	お年寄りの状態に合わせたサービス（在宅，入所，病院など）連携機能の強化	3.5	0.589
Q19-5.	痴呆専門の社会福祉士，看護師，訪問療養保護士など専門人材の養成	3.49	0.644
Q19-7.	身体機能中心となっている評価判定基準の改編（痴呆など認知機能状態の反映度が低い）	3.49	0.649
Q19-12.	痴呆のお年寄りの精神的・情緒的サポートのための対策づくり	3.44	0.605
Q19-4-10.	認知改善プログラムの多様化	3.43	0.692
Q19-4-1.	在宅サービスの強化	3.39	0.666
Q19-4-5.	予防中心のリハビリの提供	3.39	0.644
Q19-8.	老人長期療養保険制度の広報	3.39	0.694
Q19-9.	評価マニュアルの改善	3.39	0.726
Q19-6.	サービス提供に見合った保険報酬の引き上げ	3.38	0.755
Q19-4-7.	痴呆のお年寄りの外出支援策の拡充	3.34	0.676
Q19-4-2.	24時間訪問介護（家族休暇制度）利用対象者の拡大（現在1，2等級のみ利用可能→1〜5等級）	3.31	0.852
Q19-2.	在宅サービス利用限度額の増額	3.25	0.793
Q19-11.	お年寄りのふだんの意思決定支援のための対策づくり	3.24	0.652
Q19-3.	利用者の本人負担金の軽減	3.21	0.785
Q19-4-3.	24時間訪問介護（家族休暇制度）利用可能日数の拡大（現在年間6日のみ利用可能）	3.2	0.864
Q19-4-6.	配食サービスの対象者拡大	3.18	0.763
Q19-4-4.	ショートステイサービス活性化のための方策づくり	3.17	0.765
Q19-4-8.	口腔ケアのための訪問歯科サービス	3.15	0.767
Q19-4-9.	栄養管理のための訪問栄養教育サービス	2.98	0.829
Q19-1.	在宅長期療養機関の拡充	2.42	0.988

天井効果（5＜m＋SD），床効果（1＞m−SD）
注：18項目の分布の偏りを検討した結果，天井効果および床効果の認められる項目はなかった.

ている評価判定基準の改編（痴呆など認知機能状態の反映度が低い）」3.49点であった.

　続いて，3つの因子と改善策（活動）に関する21項目との相関分析を実施した．その結果を表5-18に示す．これをみると，3つの因子すべてと有意な正の相関が認められるのは，「精神的・情緒的サポート」である．第1因子「精神的・情緒的安定に関するニーズ」，第3因子「日常生活に関する基礎的ニーズ」と有意な正の相関が認められるのは，「意思決定支援」である．つまり，複数のニーズ因子と関連性を示している2つの活動「精神的・情緒的サポー

表 5 - 18　認知症高齢者のニーズと改善策の相関分析の結果

改善策（活動）		第1因子「精神的・情緒的安定に関するニーズ」	第2因子「社会とのつながりに関するニーズ」	第3因子「日常生活に関する基礎的ニーズ」
Q19-1.	在宅長期療養機関の拡充	.105*	.165**	0.081
Q19-2.	利用限度額の増額	.157**	.181**	.139**
Q19-3.	本人負担金の軽減	−0.065	−0.044	−0.056
Q19-4-1.	在宅サービスの強化	.128*	.117*	.134*
Q19-4-2.	家族休暇制度の対象者拡大	.118*	0.049	.159**
Q19-4-3.	家族休暇制度の日数拡大	0.043	0.036	0.087
Q19-4-4.	ショートステイサービスの活性化	0.032	0.047	0.076
Q19-4-5.	予防中心のリハビリ	0.009	0.002	0.063
Q19-4-6.	配食サービスの対象者拡大	.105*	.113*	.147**
Q19-4-7.	外出支援策の拡充	0.099	.107*	.161**
Q19-4-8.	訪問歯科サービス	0.089	0.071	.126*
Q19-4-9.	訪問栄養教育サービス	.158**	.137**	.179**
Q19-4-10.	認知改善プログラムの多様化	.181**	.146**	.138**
Q19-5.	専門人材の育成	0.08	0.082	.144**
Q19-6.	保険報酬の引き上げ	.140**	0.042	.186**
Q19-7.	評価判定基準の改編	.149**	.126*	.204**
Q19-8.	老人長期療養保険制度の広報	.167**	.137**	.228**
Q19-9.	評価マニュアルの改善	0.053	−0.005	0.061
Q19-10.	サービス連携機能の強化	.168**	.131*	.248**
Q19-11.	意思決定支援	.211**	.152**	.224**
Q19-12.	精神的・情緒的サポート	.220**	.215**	.270**

*$p < .05$，**$p < .01$

ト」「意思決定支援」を優先的に改善すべきであることが示唆されたといえる．

また，第3因子「日常生活に関する基礎的ニーズ」は，上述した2つの活動に加え，「評価判定基準の改編」「老人長期療養保険制度の広報」「サービス連携機能の強化」と相関を示している．この3つの改善策は公的ケアシステム，老人長期療養保険制度に関する内容である．これは，第3因子「日常生活に関する基礎的ニーズ」を充足するためには，公的ケアの改善が必要であることを

示唆しているといえる．つまり，認知症を抱えながら暮らしを維持するうえでは，公的ケアの充実が重要であることを反映した結果であると思われる．

＋ 4．課題を抽出する

本章では，3次計画のうち「在宅ケアサポート」に関するプログラム理論を評価するための評価方法を設計し（表2-12），在宅ケアサポートに関わる従事者を対象に質問紙調査を実施した．

以上の結果をふまえ，認知症高齢者のニーズの特徴と5つの評価設問について考察を進めたい．

（1）従事者が捉えている「認知症高齢者のニーズ」の特徴

認知症政策の有効性を高めるためには，「認知症高齢者の望ましくない状況」を明らかにし，その状況を改善できるアウトカムを想定して，それを生み出せるような活動を構成する必要がある［Rossi, Lipsey and Freeman 2004］．しかし，「認知症高齢者の望ましくない状況」がどのようなものであるか，先行研究で十分に明らかにされているとは言い難い．そこで，第3章の質的ニーズ調査の結果にもとづいて認知症高齢者のニーズを把握するための質問項目を作成した．ただし，第3章の調査は帰納法的アプローチによって認知症高齢者のニーズを探索的に明らかにしたものであるため，その結果が選好的である可能性がある．この影響を軽減するため，社会ケア関連生活の質の尺度（ASCOTの8つの項目）と照らし合わせて項目を設け，探索的因子分析によって認知症高齢者のニーズの測定を試みた．ASCOTを用いたのは，認知症高齢者の暮らしの多くの部分が社会ケアによって成り立っており，それによる生活の質の担保が欠かせないからである．これによって，認知症高齢者のニーズをより普遍性のある基準で捉え直しつつ，充足すべきニーズの程度を詳細に検討することが可能になると考えられる．

調査の結果，認知症高齢者のニーズに関する18項目のうち平均値の高い5項目は，「周辺（家族など）での虐待はない」「薬の服用が円滑によくなされている」「居住環境が快適で適切である」「適切な痴呆治療を受けている」「十分な食事が定期的によくできている」であった．多くの従事者は，認知症高齢者は周囲からの虐待を受けず，適切な居住環境で，適切な治療を受けながら生活し

ていると捉えていた．一方，平均値が低い5項目は，「適切な社会参加活動
（集会，趣味活動など）をしている」「外出を自由にしている」「何をするかお年寄
り自身で決めている」「身のまわりの管理（清潔，身だしなみなど）が適切になさ
れている」「地域の一員として受け入れられている」であった．ここからは，
自由な外出や自分で決めることが保障されていないため，社会参加ができず，
孤立しやすい環境に置かれている現状がうかがえる．

　次に，認知症高齢者が抱えているニーズの構造を明らかにするために行った
因子分析の結果，第1因子「精神的・情緒的安定に関するニーズ」，第2因子
「社会とのつながりに関するニーズ」，第3因子「日常生活に関する基礎的ニー
ズ」の3つの因子を抽出できた．

　また，認知症高齢者のニーズの充足程度を明らかにするため，各因子の下位
項目を加算し，その平均値を「下位尺度得点」として比較したところ，「円滑
な薬の服用」や「居住環境の快適さ」などの第3因子「日常生活に関する基礎
的ニーズ」は，平均値が最も高く，基礎的ニーズは比較的充足されていると捉
えられていた．これは，長期療養サービスを利用している認知症高齢者に関し
てであるため，サービスの利用によって基礎的ニーズが充足されていると判断
しているからだと思われる．

　一方で，第2因子「社会とのつながりに関するニーズ」の平均値は最も低く，
従事者は充足されていないニーズ，つまり課題であると捉えていることがわか
った．

　また，第2因子で最も高い因子負荷量を示すのが「何をするかお年寄り自身
で決めている」という「自律」に関する項目であることは，ふだん認知症高齢
者の意思が尊重されていないことの反映と推測されるため，特に注意を払う必
要がある．

（2）ニーズとの関連からみた在宅ケアサポートの「アウトカム」の課題

　「1．アウトカム」の領域において，評価設問1「プログラムが社会状況に
もたらすと期待される効果（アウトカム）が，そうした状況を改善するために必
要なこと（ニーズ）と一致しているか」を明らかにするため，認知症高齢者の
ニーズと3次計画で想定されている6つのアウトカムについて，ピアソンの積
率相関分析を行った．その結果，3つの因子のうちアウトカムの項目すべてと
$0.2 < |r|$ の有意な正の相関が認められるのは，第1因子「精神的・情緒的安定

に関するニーズ」であった．第2因子「社会とのつながりに関するニーズ」と相関を示したアウトカムは「痴呆高齢者の権利擁護」「痴呆高齢者の安全確保」の2つ，第3因子「日常生活に関する基礎的ニーズ」と有意な相関を示したアウトカムはなかった．

　以上の結果から，第1因子「精神的・情緒的安定に関するニーズ」については，3次計画で想定されているアウトカムは適切であり，第2因子「社会とのつながりに関するニーズ」についても同様であると判断できる．

　一方で，第3因子「日常生活に関する基礎的ニーズ」を抱えている認知症高齢者の状況を改善できるアウトカムは不十分であることが示唆された．認知症の定義は，「獲得した複数の認知・精神機能が，意識障害によらないで日常生活や社会生活に支障をもたらすほどに持続的に障害された状態」[「認知症疾患診療ガイドライン」作成委員会編 2017：36]である．つまり，日常生活に持続的に支障があることを考慮すると，「日常生活に関する基礎的ニーズ」が安定的に満たされることが，認知症高齢者の生活を維持するためには欠かせないのである．暮らしの基盤をなす「日常生活に関する基礎的ニーズ」に対応できる，新たなアウトカムを想定する必要がある．

　また，「痴呆高齢者の権利擁護」と「痴呆高齢者の安全確保」が3つの因子すべてにおいて最も高い関連性を示し，現在の認知症高齢者の状況を改善するうえで重視すべきアウトカムであることが示唆された．この点を十分にふまえて，「痴呆高齢者の権利擁護」「痴呆高齢者の安全確保」の2つのアウトカムを生み出す活動の構成をさらに詳しく検討するとともに，実際に生じたアウトカムと，それによって状況が改善したかを追加的に調査し検討する必要があるだろう．

（3）ニーズとの関連からみた在宅ケアサポートの「活動」の課題

　「2．活動」の領域においては評価設問2「3次計画の活動は，認知症高齢者のニーズに対応しているか」を明らかにするため，研究仮説「認知症高齢者のニーズと実施される活動には正の相関がある」を立て，ピアソンの積率相関分析を行った．その結果，$0.2 < |r|$ ではないが有意な正の相関を示したのは，15の活動のうち「痴呆老人転倒防止および住居環境指針の開発」「痴呆老人カスタマイズ型老人長期療養サービスの提供マニュアルの開発・普及」「医師，看護師，療養保護士など従事者の業務に即した教育プログラムの開発・提供」

「痴呆専門教育および履歴管理の支援」「長期療養5等級認知活動型プログラム
の効果性の評価」「療養施設およびデイサービスセンターにおける痴呆ユニッ
トの設置・運営」「施設従事者の人権教育，人権マニュアルの作成・配布など，
虐待予防のためのモニタリング強化」「痴呆非薬物治療法の開発および実用化
の支援」「痴呆患者の生涯末期医療ケアに関する教育プログラムの開発・普及」
の9つである．

　これ以外の，3つの因子との相関を示していない活動は必要がないと一概に
は言えないが，見直しが必要であると考えられる．一方，相関がみられた活動
は現在のニーズに対応しており，必要な活動であると解釈できる．

　とりわけ注目に値する結果は，第2因子「社会とのつながりに関するニー
ズ」との関連性を示す活動が「長期療養5等級認知活動型プログラムの効果性
の評価」しかないことである．この活動だけで第2因子「社会とのつながりに
関するニーズ」を充足できる可能性はきわめて低いと推測できる．社会とのつ
ながりを充実させる新たな活動を追加すべきである．

（4）3次計画で想定されているアウトカムと活動との関連からみた
###　　　「活動」の適切さ

　「2．活動」の領域において評価設問3「3次計画で実施される活動は，ア
ウトカムを生み出すための有効な手段として構成されているか」を明らかにす
るため，研究仮説「実施される個々の活動は想定されているアウトカムに正の
影響を与える」を立て，3次計画で実施される15項目を説明変数，その活動に
よって生まれると想定されている6つのアウトカムひとつずつを被説明変数と
し，ステップワイズ法を用いて重回帰分析を6回行った（表5-13）．その結果，
有意な関連性を示した活動だけを表5-19に示す．

　まず，6つのアウトカムがそれぞれどの活動と有意な関連性を示したかを確
認する．

　「従事者の力量強化」と「家族の対応力向上」は，いずれも「24時間訪問療
養サービスの導入（家族休暇制度）」と関連性があると示唆された．

　「権利擁護」は，「24時間訪問療養サービスの導入（家族休暇制度）」「施設従事
者の人権教育，人権マニュアル作成・配布などの虐待モニタリング強化」と関
連性があると示唆された．

　「安全確保」は，「24時間訪問療養サービスの導入（家族休暇制度）」「痴呆老人

表5-19　3次計画で想定されているアウトカムと活動との関連性

	従事者の力量強化 (Q4)		家族の対応力向上 (Q5)		権利擁護 (Q6)		安全確保 (Q7)		身体・認知機能の改善 (Q8)		長期療養サービスの質の向上 (Q9)	
	β	VIF	β	VIF	β	VIF	β	VIF	β	VIF	β	VIF
Q2-1. 24時間訪問療養サービスの導入（家族休暇制度）	0.149**	1.00	0.205***	1.00	0.133*	1.080	0.137*	1.092				
Q2-4. 痴呆老人転倒防止および住居環境指針の開発							0.112*	1.092				
Q2-7. 医師・看護師・療養保護士など従事者の業務に合ったカリキュラムの開発・提供									0.116*	1.070	0.134*	1.132
Q2-11. 5等級の対象者への家事サービス支援案の検討									0.109*	1.070		
Q2-13. 施設従事者の人権教育，人権マニュアル作成・配布などの虐待モニタリング強化					0.142**	1.080					0.129*	1.132

β：標準偏回帰係数，*p＜.05，**p＜.01，***p＜.001

転倒防止および住居環境指針の開発」と関連性があると示唆された.

　「身体・認知機能の改善」は，「医師・看護師・療養保護士など従事者の業務に合ったカリキュラムの開発・提供」「5等級の対象者への家事サービス支援案の検討」と関連性があると示唆された.

　「長期療養サービスの質の向上」は，「医師・看護師・療養保護士など従事者の業務に合ったカリキュラムの開発・提供」「施設従事者の人権教育，人権マニュアル作成・配布などの虐待モニタリング強化」と関連性があると示唆された.

　注目すべきは，6つのアウトカムのうち「従事者の力量強化」「家族の対応力向上」と有意な関連性を示す活動が「24時間訪問療養サービスの導入（家族休暇制度）」しかないことである．これは，現在の15の活動だけでは「従事者の力量強化」「家族の対応力向上」のアウトカムを生み出すことは見込めないと，調査対象者である従事者が考えていることを意味する.

　また，在宅ケアサポートと関連する15の活動のうち，アウトカムと有意な関

連性を示さなかった10の活動は，想定されているアウトカムを生み出すために見直す必要があることが示唆されたといえる．

（5）サービス利用状況からみたアウトプットまでの課題

評価設問4「アウトプットを生み出すための適切な活動ができないなら，その原因は何か」を検討するため，「家族休暇制度の利用」「徘徊認識票および徘徊感知器の利用」「失踪予防協力体系」の現状を尋ね，その回答結果を記述統計により整理した．

その結果，家族休暇制度を申請した利用者に24時間訪問療養サービスを提供したことは「ある」29人（8.2%）と低調であり，その理由は「1，2等級対象者に限定」が152人（43.1%）で最も多かった．サービスの提供が困難な理由では，「療養保護士の人手不足」148人（41.9%）が目立っていた．

徘徊認識票および徘徊感知器も，提供したことが「ある」44人（12.5%）と低調であり，サービスの提供が困難な理由としては「福祉用具についてあまり知らない」108人（30.6%）が挙げられた．失踪予防のための機関どうしの協力はよくできているかという質問に対しては，「少しそうである」174人（49.3%）という回答が多かった．

以上の結果をふまえると，家族休暇制度に関しては対象者の拡大を検討するとともに，人材の確保に取り組むべきである．また，徘徊認識票と徘徊感知器の普及拡大のためには，まず広報活動の充実による認知度の向上が図られるべきであろう．

（6）ニーズとの関連から探索した優先すべき改善策（活動）

活動の見直しのために，評価設問5「認知症高齢者のニーズをふまえ，優先して見直すべき活動は何か」を明らかにするため，研究仮説「優先して実施すべき改善策（活動）はニーズと正の相関がある」を立て，3つの因子と改善策（活動）の必要度を問う21項目とのピアソンの積率相関分析を実施した．3つの因子と 0.2<|r| の有意な正の相関を示した改善策を表5-20に示す．

ここで示唆されたのは，複数のニーズ因子と関連性を示している2つの活動「精神的・情緒的サポート」「意思決定支援」を優先的に改善すべきことである．また，第3因子「日常生活に関する基礎的ニーズ」は，上の2つに加えて「評価判定基準の改編」「老人長期療養保険制度の広報」「サービス連携機能の強

表5-20　認知症高齢者のニーズと有意な関連性を示す改善策

改善策		第1因子	第2因子	第3因子
Q19-7.	評価判定基準の改編	.149**	.126*	.204**
Q19-8.	老人長期療養保険制度の広報	.167**	.137**	.228**
Q19-10.	サービス連携機能の強化	.168**	.131*	.248**
Q19-11.	意思決定支援	.211**	.152**	.224**
Q19-12.	精神的・情緒的サポート	.220**	.215**	.270**

*p<.05.　**p<.01

化」とも相関を示しているが，これらは公的ケアシステム，老人長期療養保険制度に関するものである．これは，第3因子「日常生活に関する基礎的ニーズ」を充足するには公的ケアの改善が必要であることを示唆しており，「認知症になっても暮らしを維持できるように公的ケアを充実しなければならない」という一般的な認識を裏づける結果といえる．

　以上を要約すると，認知症高齢者の状況をよくするためには，「精神的・情緒的サポート」「意思決定支援」の改善策を優先的に検討するとともに，老人長期療養保険制度においては「評価判定基準の改編」「老人長期療養保険制度の広報」「サービス連携機能の強化」の追加的な取り組みが必要であるといえよう．

　既存の研究では，家族や専門家の意見にもとづいて改善策が示されてきた．これに対し本章では，認知症者の暮らしに日々直接関わっている従事者の見解をもとに，認知症高齢者のニーズをふまえた改善策を提示した．上述の結果は，これまで指摘されていなかった知見であり，改善策の優先度を認知症者のニーズ構造から実証的に明らかにした点に意義があるといえる．

注
1）　家族休暇制度として，1，2等級の要介護認定者を対象に，年間6日間まで月の限度額と関係なく24時間訪問療養サービスを提供する．
2）　年間6日24時間訪問療養サービスは，訪問療養と訪問看護の両方を行っている機関だけが提供できる．
3）　老人長期療養保険制度にもとづいて設置された機関に勤務するケアワーカー．
4）　相関分析は「2つの量的変数の変動に着目し，2変数がともなって変化する様子を統計的に表現する方法」である［三輪・林 2014：69］．つまり，「2つのデータの関連

性を調べる分析」をし［米川・山崎 2010：71］，その相関関係の強さは，相関係数 r
の絶対値で判断する．具体的には，$0.0<|r|\leqq0.2$ ほとんど相関がない，$0.2<|r|\leqq0.4$
弱い相関がある，$0.4<|r|\leqq0.7$ やや強い相関がある，$0.7<|r|\leqq1.0$ 強い相関がある
と解釈できる［米川・山崎 2010：77］．

5) 回帰分析は「ある結果を予測・説明する原因を設定し，変数間の関連を把握する」
分析手法であり，「原因となる変数が結果となる変数よりも時間的に先行している」
［三輪・林 2014：83］．

6) いずれの項目も認知症高齢者のニーズに関連したものであり，因子間の相関が想定
されるため，斜交回転（プロマックス法）を用いた．

終　章　認知症高齢者の暮らしの改善に向けて

　韓国における認知症政策に関する取り組みは，医学的視点からは「早期発見」「予防」「適切な治療」，福祉分野においては「家族の扶養負担軽減」「コミュニティに根ざす公的ケアの機能強化」「認識の改善」などに関するものが重視されてきた．これらは，OECD［2015］，World Health Organization and Alzheimer's Disease International［2012］が提示している認知症政策の共通課題に重点をおいたものである．2008年に老人長期療養保険制度が導入されたのち，2011年には痴呆管理法が制定され，この法律にもとづいて5か年の認知症総合計画を策定することで公的機能の強化を図ることになった．

　しかし，これらの取り組みは，認知症者が抱えているニーズを十分に検討しないまま策定され実施されてきた現実がある．そのため，認知症高齢者の状況を改善しうる政策にするためには，現在の総合計画が目指している目的と，その目的をどのような道筋で実現しようとしているのか，さらに，認知症高齢者にとって有効な改善策であるのかを，彼らの視点に立って検討する必要があった．

　このような考えから，本研究では第1に，韓国の認知症政策とその研究においては認知症高齢者がおかれている状況からの検討が不十分であることを，政策分析の枠組みの限界とともに指摘した．第2に，認知症高齢者の視点を最大限反映できる，つまり，彼らのニーズから政策の組み立ての妥当性を検討できる，セオリー評価の理論枠組みについて検討した．そして第3に，3次計画のインパクト理論をニーズ調査によって，プロセス理論を自治体ごとの2016年推進成果評価報告書の内容分析によって検討した．その結果，インパクト理論においては，認知症高齢者が在宅での暮らしを望んでいるにもかかわらず，それが維持できない理由として，在宅ケアのあり方に問題があることが示唆された．そこで，「在宅ケアサポート」関連の項目に絞って長期療養機関に勤務する従

終　章　認知症高齢者の暮らしの改善に向けて　*141*

事者の見解を調査し，それをもとに綿密な検討を行った.

　以上のように，国レベルの認知症総合計画を評価対象とし，セオリー評価の理論枠組みのもとで，認知症者本人，家族，従事者，政策立案者の見解，自治体による評価報告書などを用いて，総合的・包括的な評価を試みたことが本研究の特徴である.

　また本研究では，3次計画のプログラム理論をロジックモデルで可視化し，それにもとづく評価設計を行って，3次計画の有効性と論理的妥当性をロジックモデルの各要素から検討している．インパクト理論については，事後的な実績測定だけに依拠せず，認知症者本人のニーズに重点をおいて検討を行ったことも本研究の独自性といえる．一方で，残されている課題も少なくない.

　本章では，本研究の論点と成果を章ごとに振り返り，これまで明らかになったことをふまえて3次計画の見直しに向けた提言を行うとともに，本研究の限界と今後の課題について述べることとする.

╀ 1．ここまでの研究を振り返る

（1）認知症政策研究の現状と課題

　序章では，認知症政策に関する先行研究のレビューを行い，第1に，そもそも認知症政策研究が少ないことに加えて，類型では政策内容研究が大半を占めており，政策形成過程研究，政策評価研究はあまり行われていないこと，第2に，主要な論点が家族の扶養負担軽減に偏っていること，第3に，老人長期療養保険制度や関連法を研究対象とするものが大半であること，第4に，政策分析においては Gilbert and Specht [1974] の分析ツールがよく用いられていることを明らかにした.

　そのうえで，先行研究の類型が政策内容研究に偏っていることに関しては，ニーズとの関連性を重視した分析枠組みを採用する必要があることを主張した．福祉政策は社会的ニーズに対応することを目的に考案されている [Dean 2010]はずであり，ニーズに応えられるような仕組みになっているかの検討が，改善策の提示に先立って必要であると考えたからである．また，Gilbert and Specht [1974] の分析ツールでは制度を所与のものとして扱うため，権利として与えられていない部分や，認知症者のおかれた状況，それにともなうニーズが見落とされる限界があることを指摘した.

さらに，韓国においても安定的な暮らしの支援のためには環境の整備が重要であると強調されているが，環境を構成する要素のひとつである政策はあまり注目されていないことを指摘するとともに，OECD と WHO の10大核心目標を手がかりに，支援における政策の重要性を論じた．

これらの限界と課題を克服するため，国の認知症政策がどのような理念にもとづいており，何をめざしているか，それをどのような手段で実現しようとしているかをまとめて読み取れる認知症総合計画を研究対象とし，実態をふまえた改善策を提示することを，本研究の取り組むべき課題として提示した．

（2）セオリー評価の理論枠組みの精緻化

第１章では，福祉政策の改善のために，なぜセオリー評価に注目したのかと，その理論枠組みの特徴を明らかにし，本研究で行うセオリー評価の具体的なプロセスと手続きはどうあるべきかを探索した．

望まれる改善のために必要であると仮定されたプログラムが，うまく実施されなかったためにアウトカムが貧弱であることを「実施上の失敗（implementation failure）」という．一方，プログラムがうまく実施されても，プログラムのデザインに社会問題やニーズが適切に反映されておらず，プログラム理論が不完全であるために望ましいアウトカムを生み出せない場合を「理論上の失敗（theory failure）」という［Rossi, Lipsey and Freeman 2004＝2005：76］．セオリー評価の特徴は，後者のプログラム理論の不完全さを，Rossi, Lipsey and Freeman［2004］が提示した２つの視点，① 社会的ニーズとの関係から検討し，それらのニーズがプログラム理論に反映されているか，② 目指すゴールまでの構成が論理性と説得力（plausibility）をもっているか，から明らかにすることである．

セオリー評価に関する従来の研究については，以下の３点が明らかになった．第１に，先行研究は，① プログラム理論の精密な概念化に焦点をあてた研究，② プログラム理論にもとづく評価モデルの開発をめざす研究，③ 何らかの調査によって実際の評価を行う研究の３タイプに大別できる．第２に，研究プロセスや方法には概念的要素と経験的要素が混在しており，プログラム理論の概念化によく用いられるのは，Chen［1990, 2005］，Rossi, Lipsey and Freeman［2004］，Rogers［2000］の理論枠組みである．第３に，社会的ニーズをふまえたアセスメントの視点が希薄で，ニーズそのものは調査で把握しているが，そ

れがプログラム理論に反映されているかの検討までには至っていない. また, 従来は評価指標を開発する基盤として用いるためにプログラム理論を概念化する場合がほとんどであり, 概念化したプログラム理論そのものの妥当性を何らかの調査にもとづいて実証的に検討するアプローチは低調であった.

先行研究の限界を克服するために, 本研究は, ニーズを反映しつつプログラム理論の妥当性を検討できる評価設問と, インパクト理論とプロセス理論に分けて検討するというセオリー評価の枠組みを, Rossi, Lipsey and Freeman [2004] を参考に具体化し提案した. さらに, 認知症高齢者のニーズを把握するには, 認知症者本人, 家族, 従事者, 政策立案者など複数の視点から包括的に捉える必要があることを指摘した. また, 政策を「投入」「活動」「アウトプット」「アウトカム」に分けて検討することによって, 改善策につながる具体的な情報が得られることを, この評価枠組みの意義として提示した.

(3) 研究課題と評価設計

第2章においては, 評価対象である3次計画の4つの目標, 「Ⅰ. 地域社会中心の痴呆予防および管理」「Ⅱ. 平安で安全な痴呆患者診断・治療・ケアサービス提供」「Ⅲ. 痴呆患者家族の扶養負担軽減」「Ⅳ. 研究・統計および技術を通じたインフラ拡充」の, それぞれのプログラム理論をロジックモデル化し, 表終-1に示す3つの研究課題を設けて評価設計を行った.

RQ1は, インパクト理論の検討のため, ニーズとの対応状況を検討することに重点をおいている. 具体的には, ① プログラムが社会状況にもたらすと期待される効果（アウトカム）が, そうした状況を改善するために必要なことと一致しているか, ② 現在の活動構成はアウトカムを生み出すために適切であるか, という評価設問を立て, 認知症者本人, 家族, 従事者, 政策立案者を対象にニーズ調査を実施して, その結果と3次計画で想定されているアウトカムおよび活動との整合性を検討した. セオリー評価はプログラム評価の2段階目であり, プログラムが意図していたアウトカムが実際に生じたかは測定しないが, プログラムが想定しているアウトカムがニーズを反映しているかは必ず問うべきであることに注意を払う必要がある. これは②の活動についても同様である. 補足すると, プログラムの実施によって生じたアウトカムを測定するのは, プログラム評価の4段階目, アウトカム／インパクト評価である.

セオリー評価では, まずニーズとアウトカムとの整合性を検討し, そのアウ

表終 - 1　研究課題と研究対象

研究課題	対　象
RQ 1. 認知症高齢者のおかれた状況（ニーズ）に，3次計画のインパクト理論（アウトカム，活動）が対応しているか.	3次計画全体
RQ 2. 3次計画のプロセス理論における欠陥および課題は何か.	3次計画全体
RQ 3. 3次計画のうち「在宅ケアサポート」に関するプログラム理論の，ゴールまでの構成は論理性と説得力（plausibility）をもっているか.	3次計画のうち目標Ⅱの在宅ケアサポートに関する内容

トカムを生み出せる活動によってプログラムが構成されているかを確認する.
従来の評価研究は，主に事後的な効果測定にもとづいているため，プログラム
を所与のものとしてしか検討できず，そもそもそのプログラムがニーズを反映
しているかどうかの検討は不十分であった．セオリー評価関連の研究において
さえ，ニーズとの関連から検討する分析枠組みとしての機能が看過されてきた
といえる.

　RQ 2 は，プロセス理論をなす「投入→活動→アウトプット」の各領域につ
いて，投入では資源の問題，活動ではその阻害要因，アウトプットではそれが
低調である場合の原因を探索することに重点をおいた．そのため，自治体ごと
の2016年推進成果評価報告書の内容分析を行い，「投入」「活動」「課題」をピ
ックアップして検討した．3次計画は2016年から実施されている5か年計画で
あり，すでに実施されている活動とそのプロセス理論については事後的なアプ
ローチが可能である．実施状況からどの部分に欠陥があるかを検討し，プログ
ラムの見直しにつなげることもセオリー評価の役割である［Rossi, Lipsey and
Freeman 2004］.

　RQ 3 は，3次計画のうち在宅ケアサポートに関するプログラム理論を対象
に，ゴールまでの構成の論理的妥当性を検討した．具体的には，24時間訪問療
養機関に勤務している従事者を対象に質問紙調査を実施し，表 2 -12の評価方
法で検討した．在宅ケアに焦点を合わせたのは，認知症者は在宅での暮らしを
望んでいるが，それが実現できない理由として，このニーズがそもそもアウト
カムに反映されていない可能性が浮かび上がったため，在宅ケアに関するプロ
グラム理論にどういう欠陥があるかを検討すべきだと考えたからである．従事
者を調査対象にしたのは，家族ほどの利害関係者ではないことと，従来の研究
は家族や専門家の意見を主な情報源としているため従事者からの見解が少ない

こと，認知症者と日々関わりをもって支援に携わっていること，ある程度の専門知識を有し，制度の変化なども敏感に感じ取っていることから，3次計画を評価する情報源として有効であると判断したからである．

（4）質的および量的調査の実施

第2章の評価設計に沿って，第3章では，3次計画のインパクト理論を検討するための，認知症高齢者のニーズ調査を行った．具体的には，認知症者本人，家族，従事者，政策立案者の計14人を対象に半構造化面接を行い，佐藤［2008］の質的データ分析法を参考に分析した．異なる視点で語られるニーズを総合的に検討することで，プログラムが対応すべき社会的ニーズをより正確かつ包括的に把握できるのではないかと考えたからである．

分析の結果，56の定性的コードと26のオープン・コードが抽出され，そこから【社会的認識の改善】【サービスの改善】【心理面での安定】【尊厳の維持】【社会的関係の回復】【安全の確保】【医療的対応の拡充】【安定的な暮らし】の8つの焦点的コードが抽出された．この焦点的コードをアウトカムで対応すべきニーズ，オープン・コードを活動で対応すべきニーズと捉え，第2章で抽出した3次計画のアウトカムおよび活動との対応状況を検討した．

焦点的コードとアウトカムとの対応状況で特に注目されるのは，【心理面での安定】に関するアウトカムが設けられておらず，【社会的関係の回復】と【安定的な暮らし】に関するアウトカムも十分とは言い難いことである．活動との対応状況をみると，【社会的認識の改善】における《認知症受容の難しさ》《サービス利用への抵抗感》に関する取り組みと，【サービスの改善】における《生活の場としての施設環境醸成》に関する取り組みの必要性が示唆された．また，《インフラの不足》として，ショートステイの不足が施設入所を促すひとつの要因になっていることが浮き彫りになった．【社会的関係の回復】においては《身近な関係性におけるソーシャルサポート》《就労機会の喪失》に関する活動が足りず，【安全の確保】においては在宅の虐待への介入の必要性が示唆された．【医学的対応の拡充】においては《緩和ケアの視点》の必要性が，【安定的な暮らし】においては《外出の支援》《適切な食事の提供》《家庭への介護資源のサポート》が足りないことが明らかになった．以上の問題点は，3次計画のなかでも，目標Ⅰの領域2「痴呆に対する否定的認識の改善および痴呆親和的環境の醸成」と，目標Ⅱの領域2「痴呆患者在宅および施設ケア支

援」，領域3「重症・生涯末期患者の権利保護および虐待防止などの支援体系確立」に集中していた．

インタビュー対象者の属性からみると，認知症者本人と従事者はすべての焦点的コードに言及しており，家族は親との関係性や日常生活維持に関するニーズが多かったが，尊厳の維持に関する言及はなかった．従事者は社会との関係性と尊厳を重視しており，政策立案者からは尊厳の維持に関する指摘が多かった．

第4章では，3次計画のプロセス理論の検討のため，韓国の17の広域自治団体が国に提出した2016年推進成果評価報告書のメタ評価的な内容分析を行った．手順としては，報告書で限界を指摘している文章をセグメント化して，それらを3次計画の10の領域における個々の活動で分類し，さらに「投入」「活動」「アウトプット」に割り振った．その結果を10の領域の課題ごとに，それぞれの活動に言及した自治体数を集計し（表4-2），多くの自治体から共通して言及されている活動のプロセス理論（投入→活動→アウトプット）において主要課題がどこにあるかを，表4-3～表4-6にまとめた．

17の自治体のうち8つ以上から言及があった活動は，目標Ⅰの「痴呆患者・家族支持活動およびボランティアを遂行する痴呆パートナーズの募集拡大」「痴呆早期検診事業を通じて発見された満60歳以上の高危険群老人の精密検診費用の支援」，目標Ⅱの「保健所登録痴呆患者への痴呆診療薬剤費支援」「痴呆老人失踪予防の支援強化」，目標Ⅲの「オン・オフライン痴呆患者家族自助会の活性化」である．

これらを3次計画のプロセス理論における課題として言及の多い順に列挙すると，早期検診事業の効率化を図ること，痴呆老人失踪予防のための徘徊認識票の広報を拡大すること，自助グループ活性化の支援を見直すこと，痴呆パートナーズは募集・育成にとどまらず，認知症者の社会参加を促すパイプ役として活性化を図ること，痴呆診療薬剤費支援のための予算確保，となる．また，失踪予防，自助グループの活性化，痴呆パートナーズの活性化を福祉分野における主な課題，高危険群の早期発見と管理，痴呆診療薬剤費の支援を医療分野における主な課題として提示することもできる．

報告書のメタ評価をすることの利点は，多くの自治体で共通する課題を把握することによって，3次計画のどの部分がうまく実施されていないかを特定できることである．一方，報告書で言及されていなければ問題もないと判断する

終　章　認知症高齢者の暮らしの改善に向けて　*147*

ことはできない．今回の報告書は，おもに保健所や広域痴呆センターからの情報にもとづいており，その担当外となる事項，たとえば家族の就労支援がどれほどできているかという記述はなかった．このように言及されていない部分，特に尊厳の維持に関する活動については慎重に検討する余地がある．

　これらをふまえ，第5章では，3次計画の「在宅ケアサポート」に関するプログラムに限定し，認知症高齢者の暮らしの改善にどれだけ寄与できるか，また欠陥があるならどの部分かを明らかにして，改善策の検討を可能にすることをめざした．具体的には，24時間訪問療養サービスを提供している従事者を対象に質問紙調査を実施し，その結果にもとづいて，従事者が捉える在宅認知症高齢者のニーズを把握した．そのうえで，「1．アウトカム」領域においては，① 認知症高齢者のニーズと3次計画の在宅ケア関連で想定されているアウトカムとの対応状況，「2．活動」領域においては，② 認知症高齢者のニーズと3次計画の活動との対応状況，③ 3次計画で想定されているアウトカムに関する活動構成の適切さ，「3．投入，活動→アウトプット」領域においては，④ サービス提供上の問題点，クライアントの利用状況と利用を妨げる要因を検討し，最後に「4．活動の見直し」のため，⑤ ニーズと改善策（活動）との関連性を確認した．

　これらの結果をふまえて，3次計画のセオリー評価の総合結果を，認知症高齢者のニーズの特徴と3つの研究課題ごとにまとめ，表終-2に提示する．

表終 - 2 認知症高齢者のニーズの状況と総合評価結果

認知症高齢者のニーズの状況	
■認知症高齢者のニーズ構造（質的調査の結果：第3章）	■認知症高齢者のニーズ構造と充足度（量的調査の結果：第5章）
【社会的認識の改善】【サービスの改善】 【心理面での安定】　【尊厳の維持】 【社会的関係の回復】【安全の確保】 【医療的対応の拡充】【安定的な暮らし】	• 比較的充足されていると捉えられているニーズ 「日常生活に関する基礎的ニーズ」 「精神的・情緒的安定に関するニーズ」 • 問題として捉えられているニーズ 「社会とのつながりに関するニーズ」

RQ1. 認知症高齢者のおかれた状況（ニーズ）に，3次計画のインパクト理論（アウトカム，活動）が対応しているか，（第3章）

3次計画の目標 ＼ インパクト理論の領域	アウトカム	活　動
目標Ⅰ （予防，認識改善，早期発見）	【社会的認識の改善】○	
目標Ⅱ （治療，ケア，権利擁護）	【サービスの改善】△ 【心理面での安定】× 【尊厳の維持】△ 【社会的関係の回復】△ 【安全の確保】△ 【医療的対応の拡充】△ 【安定的な暮らし】△ 注：○は対応，△は項目はあるが十分とはいえない，×は対応していないことを表す	• 対応していない活動 ① 要介護5等級の場合，家事支援ができないため日常生活の維持が困難 ② 在宅での虐待が多いが，その指摘と対応がない ③ 医療とケアのサービス調整のための中立的な相談窓口がない ④ 配食サービスが低所得者に限定されているため，適切な食事がとれない ⑤ 施設は虐待防止の活動だけで，意思尊重やQOL向上のための活動がない ⑥ 要介護度認定基準の見直し ⑦ 自由な外出のための移動手段の確保

終　章　認知症高齢者の暮らしの改善に向けて　　*149*

RQ2. 3次計画のプロセス理論（投入，活動，アウトプット）における欠陥および課題は何か．（第4章）

課題として指摘の多かった5つの活動（8つ以上の自治体）
【目標Ⅰ】①「痴呆患者・家族支持活動およびボランティアを遂行する痴呆パートナーズの募集拡大」
　　　　　②「痴呆早期検診事業を通じて発見された満60歳以上の高危険群老人の精密検診費用の支援」
【目標Ⅱ】③「保健所登録痴呆患者への痴呆診療薬剤費支援」
　　　　　④「痴呆老人失踪予防の支援強化」
【目標Ⅲ】⑤「オン・オフライン痴呆患者家族自助会の活性化」

プロセス理論の領域／3次計画の目標	投　入	活　動	アウトプット
目標Ⅰ（予防，認識改善，早期発見）	人材不足，コンテンツ不足，予算不足など	地理的条件，人材の確保，痴呆パートナーズの活動機会の不足など	検診率が低調
目標Ⅱ（治療，ケア，権利擁護）	予算不足など	支援の所得基準，認識不足，機材の問題など	徘徊認識票・GPSの普及率が低調
目標Ⅲ（家族扶養負担軽減）	プログラムの不足，コンテンツの不足，予算不足など	広報の不足，運営の問題，自助グループ参加が困難（扶養のために家族の参加が難しい，アクセシビリティの問題），興味の低下など	自助グループの活動が低調
目標Ⅳ（研究，技術）	長期化による予算不足など	有効性の検証が困難，データ不足など	活用が限定的

RQ3. 3次計画のうち「在宅ケアサポート」に関するプログラム理論の，ゴールまでの構成は論理性と説得力（plausibility）をもっているか（第5章）		
■ステージ1（アウトカム）	■ステージ2（活動）	■ステージ3（投入→活動→アウトプット）
「ニーズ」と3次計画の在宅ケアサポートに関して想定されている「アウトカム」との対応状況	3次計画の在宅ケアサポートに関する「活動」の適切さ	3次計画の在宅ケアサポートに関するプロセス理論（投入→活動→アウトプット）における課題
【精神的・情緒的安定に関するニーズ】 →対応している 【社会とのつながりに関するニーズ】 →対応している 【日常生活に関する基礎的ニーズ】 →対応していない	① ニーズと3次計画の在宅ケアサポートに関する活動との関連性の検討 →【社会とのつながりに関するニーズ】のための活動の拡充が必要 ② 3次計画の在宅ケアサポートに関して想定されている「アウトカム」を生み出すための「活動」であるかの検討（アウトカムの実現可能性がある活動） ・24時間訪問療養サービスの導入（家族休暇制度） ・痴呆老人転倒防止および住居環境指針の開発 ・医師・看護師・療養保護士など従事者の業務に合ったカリキュラムの開発・提供 ・5等級の対象者への家事サービス支援案の検討 ・施設従事者の人権教育，人権マニュアル作成・配布などの虐待モニタリング強化 ③ ニーズと改善策（活動）の関連性から，ニーズを充足するために有効な改善策の検討 ・精神的・情緒的サポート ・意思決定支援 ・サービス連携機能の強化 ・老人長期療養保険制度の広報 ・介護認定基準の改編	① 家族休暇制度の利用が低調 ・クライアントの利用状況と利用を妨げる要因 →「1，2等級対象者に限定」 ・サービス提供上の問題点 →「療養保護士の人手不足」 ② 徘徊認識票および徘徊感知器の利用が低調 ・クライアントの利用状況と利用を妨げる要因 →「福祉用具についてあまり知らない」

終　章　認知症高齢者の暮らしの改善に向けて　*151*

┼ 2．3次計画の見直しに向けての提言

　本研究では，韓国の認知症総合計画である「第3次痴呆管理総合計画」の見直しに向けて，第1に，3次計画がその目的である「痴呆患者と家族が地域社会で平安で安全に暮らせる社会具現」を達成するために想定しているアウトカムと，そのアウトカムを生み出すための活動が，認知症高齢者のニーズにどれだけ対応しているか（インパクト理論）と，第2に，計画に記されている活動の実施においてどのような課題があるか（プロセス理論）を明らかにすることを目指した．この研究目的の達成のために，3つの評価設問を設けて評価を実施し，その総合結果を評価設問ごとにまとめた（表終-2）．これをふまえ，3次計画の見直しに向けた提言を行うこととする．

　インパクト理論からは，主にアウトカムと活動の改善策を提示する．Rossi, Lipsey and Freeman ［2004＝2005：132］は，インパクト理論は「社会プログラムの本質をなすもの」であり，それがもし不完全であれば，目指す目的は達成されないだろうと述べている．認知症高齢者の暮らしの改善に役立つ計画であるためには，彼らが現在おかれている状況をふまえ，それを改善できるようなアウトカムを設け，そのアウトカムを生み出す手段として適切な活動を行う必要がある［Rossi, Lipsey and Freeman 2004］．プロセス理論からは，アウトプットに至りにくい要因をふまえ，認知症総合計画の策定に必要な視点を含めて総括的な提言を行うこととする．

　それに先立って，既存の研究で主に提言されてきたことと本研究による新たな知見にもとづき，今後重視すべき要素を視覚的に表現してみた（図終-1）．網かけ部分が今後重視すべき要素である．

　既存の研究は，主に高危険群を対象とする認知症予防と，早期診断，適切な治療を重視する医療モデル的なアプローチである．認知症者に直接かかわる提言としては，認知症に対する理解や認識の改善があり，公的ケアシステムに関しては，主に老人長期療養保険制度の改善が主張されてきた．いずれも社会的には有意義な提言であるが，認知症者の日々の暮らしの改善に結びつくアウトカムを考えるうえでは不十分である．また，認知症総合計画で目指すべきゴールや，そもそもなぜこのような総合計画が必要なのかについて，議論されることはほとんどなかった（図終-1の上の網かけ部分）．

■何をゴールにすべきか？　■ゴールのためにどのようなアウトカムを想定する必要があるか？　■そのアウトカムのために，どのような活動を設ける必要があるか？　→　認知症者の暮らしの改善に結びつく必要がある．

高危険群		認知症の初期→中期→末期		
予防	早期診断・適切な治療	在宅サービス↔入所サービス↔入院		・研究・技術開発
		権利擁護（虐待防止，意思決定支援）		
		コーディネートされたケア（インフラの整備とサービスの質の向上）		・計画に対する評価

認知症者が住みやすい地域づくり
家族自助グループ，痴呆パートナーズの養成，認知症に対する理解向上・認識改善，失踪予防の体系確立，日常生活における安全確保（火災・転倒防止）など

改善すべき状況を把握するためのアプローチ（認知症者・家族の意見聴取／実態調査）

図終-1　総合計画を考えるうえで重視すべき要素

　これに対して本研究は，認知症者を中心におき，彼らの改善すべき状況を多角的アプローチによって把握しながら，3次計画で改善すべき点を実証的に明らかにすることを試みた．その結果にもとづいて既存の研究の限界などを大まかに整理すると，以下の4点となる．

　第1に，認知症者の生活実態の把握が虐待状況に限定されており，それ以外の点で生活上どのような困難を抱えているかを把握するためのアプローチが少なかった（図終-1の下の網かけ部分）．

　第2に，公的ケアシステムに関しても制度論アプローチであるため，認知症者の生活の改善に結びつく提言としては限界があった（図終-1の中間の網かけ部分）．3次計画は「平安で安全に暮らせる社会具現」というゴールを掲げているが，それにしっかりとつながる，日常生活の維持に関する視点があまり見受けられず，また，暮らしの保障に関するアウトカムについての議論が不足していた．

　第3に，認知症者の心理的状況の把握が不十分であり，不安を軽減するため

のアウトカムや活動の必要性が指摘されていなかった．従来の認知症関連研究であまり指摘されていなかったことであるが，認知症者の語りで最も多かったのは心理面での不安や絶望感であった．

　第4に，社会とのつながりを重視した関係性回復のための提言が少なかった．従事者は「社会とのつながりに関するニーズ」を最も充足すべき課題として捉えており，現在の活動では社会的関係の回復のための活動が不十分であることが示唆された．

　では，本研究によって具体的にどのような知見が導き出され，認知症総合計画の改善に向けて重視する必要があるのか，その内容を取り上げつつ説明していく．

　第1に，ステークホルダーの参加と政策提言（アドボカシー）役割の強化が必要である．

　政策や計画を策定する際はニーズに関する情報が必要であり，問題の程度を検証することも，ビジョンや目的を規定するうえで有用である［World Health Organization and Alzheimer's Disease International 2012＝2015：48］．しかし，3次計画の策定にあたって本人や家族のニーズを反映しようとした形跡はない．政策とケアの道筋をニーズに適合させ，利用可能かつ受容可能な方法で提供する必要がある［World Health Organization and Alzheimer's Disease International 2012＝2015：69］．

　最近は，認知症者が本を書いたり，国際的な催しに参加するなど，みずから声をあげる動きがみられる．一方で，「認知症高齢者は記憶の障害を自覚していることや記憶が不確かなことによる孤独感や不安感をもっているが，それをうまく言語的に表現できない」［鈴木 2014：14］場合が多いことも事実である．西田［2015：7］によると，イギリスでは認知症国家戦略（2009年発表）の策定にあたって，策定委員会が「全国をまわり50以上のステークホルダー団体4000名以上の関係者と意見交換を重ね」「常に当事者団体の視点を通しながら」草案をまとめたという．このような，ステークホルダーの参加やアドボカシー役割の強化によって，認知症高齢者のニーズと権利が尊重される政策にしていく必要がある．

　第2に，認知症総合計画の目的として「認知症者の暮らしの保障」を明確に示す必要がある．

目的は何ごとかを実現しようとする意義や意味であり，その全体像は目標，すなわち具体的なゴールによって描かれる．また，「実現しようとする共通した生活像」を共有することが必要である［大川 2009：110-111］．

3次計画の目的は「痴呆患者と家族が地域社会で平安で安全に暮らせる社会具現」である．「地域社会」という言葉は3次計画になって初めて使用されたものであり，認知症者の孤立を解消し，地域の一員として暮らしを支えようという方向性には意味があるが，キーワードと思われる「家族」と「平安で安全」だけでは，認知症者を支える総合計画の目的としては不十分である．これに対して，日本の新オレンジプランは「認知症の人の意思が尊重され，できる限り住み慣れた地域のよい環境で自分らしく暮らし続けることができる社会の実現」を目的として掲げている．ここで注目されるのは，認知症になると「意思が尊重されにくい」「自分らしさを失いやすい」「住み慣れた環境を失いやすい」ことを予測し，それを防ごうとしていることである．認知症高齢者の実態をふまえ，何を問題とし，その克服のために何をどう改善するのか，それによって，認知症者にとってどういう社会を具現するのかを，韓国の認知症総合計画においても明確に示す必要がある．

第3に，尊厳のある暮らしが確保できるアウトカムと活動を設ける必要がある．

日常生活や社会生活に多くの困難を抱えている認知症高齢者の生活は，公的ケアもしくはインフォーマルな援助によって成立している面が大きい．

一方で，第3因子「日常生活に関する基礎的ニーズ」を抱えている認知症高齢者の状況を改善できるアウトカムが，3次計画では不十分であることが示唆された．暮らしがなんとか成り立っているなら，必要ないと判断されたのかもしれない．しかし，認知症になっても最後まで人間らしい暮らしができるよう保障することを，国は前面に打ち出し，暮らしの保障に関するアウトカムを想定する必要がある．

それに加え，日常生活の保障は，意思決定の支援とともに図るべきである．最も充足すべきニーズと示唆された第2因子「社会とのつながりに関するニーズ」を構成する項目のうち，最も高い因子負荷量を示していたのは「何をするかお年寄り自身で決めている」であった．これは言いかえれば，認知症高齢者の意思が尊重されていないことを意味する．また，ニーズとの関連で優先的に

終　章　認知症高齢者の暮らしの改善に向けて　*155*

講じるべき改善策は「精神的・情緒的サポート」，次に「意思決定支援」であることが示唆された．永田［1997］は，認知症高齢者の看護の目標はその人の生命力と可能性を最大限に引き出し支えることであり，そのための重要な手がかりが彼らの自己決定を支えるアプローチであるとしている．この観点からも，意思を尊重し自己決定を支えながら暮らしの援助を行うことが重要なのである．

　また，認知症者は判断能力の低下のために権利侵害を受けやすい［赤沼2012］ことにも注意を払う必要がある．「ケア」は身体的介護のような機能的ケアだけを意味するのではなく，相互信頼，相互尊重，配慮のような「関係的性格」を持つとされる［Held 2006］．その関係性は，本人の意思を確認しそれを支援することであるともいえる．

　第4に，「心理面での安定」に関するアウトカムと，それを生み出す活動が必要である．

　認知症者高齢者のニーズ構造は【社会的認識の改善】【サービスの改善】【心理面での安定】【尊厳の維持】【社会的関係の回復】【安全の確保】【医療的対応の拡充】【安定的な暮らし】で構成されていた．認知症者本人から最も多く聞かれた訴えは〈現状を悲観〉〈無気力〉であり，それらは〈自信の喪失〉〈絶望感〉にも至っていた．この他，〈家族への執着〉があり〈自宅に戻りたい〉が，仕方がないという〈現状の合理化〉や，〈現状への不適応〉があることも明らかであった．このような心理的委縮があるにもかかわらず，3次計画で【心理面での安定】に関するアウトカムは想定されていない．

　内田［2007］は，認知症ケアのアウトカム評価票原案の開発において，最も大きな比重を示すのは「精神的安定」であると述べている．山地ら［2000］は，ケア効果としての認知症高齢者の変化として，「自律性の回復」「情緒の安定」「行動の安全」「ケアの受け入れ」「自発性の発見」「対人関係・社会性の広がり」の6つを挙げているが，ここにも「情緒の安定」がある．このように，認知症高齢者のニーズは心理面に偏在しており，支援によって心理的安定を図ることの必要性と可能性を示している．

　室伏［1995：127］は，認知症高齢者の心理的特徴について，「知的能力や自分の生活史を失い（健忘），また人間関係も失ったりする．これらの失うものは，そのどれもがじつはその老人がそれまで生きる頼りのよりどころにしていたものの喪失で，そのため生きる不安が起こってくる」と指摘している．この存在

表終 - 3　生活機能の各レベルの特徴

心身機能・構造	活　動	参　加
生物レベル	個人レベル	社会レベル
＊体の動き（手足の動き，見ること，聞くこと，話すこと，内臓の働きなど）や精神の働き，また体の一部分の構造のこと．	＊生きていくのに役立つさまざまな生活行為のこと．目的をもったひとまとまりをなした行為である．	＊社会（家庭を含む）的な出来事に関与したり，役割を果たすこと．また，楽しんだり，権利を行使したりすること．
	※日常生活活動（ADL）から家事・仕事・人との交際・趣味・スポーツなどに必要な全ての行為を含む．	※たとえば，職場での役割，主婦の役割，家族の一員としての役割，地域社会（町内会や交友関係）の中での役割，その他いろいろな社会参加の中での役割．

出所：大川 [2009：19]．

不安が，認知症高齢者の QOL を低下させている本質的な原因ともいえる［畑野・筒井 2006：47］．これらをふまえると，彼らが抱えている不安の軽減こそが核心的課題であり，そこに焦点を当てたアウトカムの設定が急務であることがわかる．

　第5に，社会レベルにおける「関係性の回復」のためのアウトカムと活動が必要である．

　これについては，主介護者との身近な関係性と，コミュニティにおける地域の一員としての関係性の，大別して2つの関係性について提案する．

　従事者は，認知症高齢者のニーズ充足度に関して，第2因子「社会とのつながりに関するニーズ」が最大の課題であると捉えていた（第5章）．これは，大川［2009］による生活機能レベルの説明（表終-3）を借りると，「家族の一員としての役割」「地域社会（町内会や交友関係）の中での役割」「その他いろいろな社会参加の中での役割」が欠如していることを意味する．

　高齢期の QOL の鍵は人間として当たり前の生活を維持することであり，そこには社会参加や親族・友人との社会的関係の継続が含まれている［Walker 2005］．認知症高齢者の場合は，主介護者が彼らの QOL に影響を与えると報告されている［パクセジョン・キムハンゴン 2009］．

　本研究においても，「家庭内での軽視」「家族からの排除」「家族からの放置」

による「疎外感」「孤独感」「社会との断絶感」があることが明らかになった（第3章）．これらの情緒的委縮は，主介護者との関係に起因し，強い影響を受けていると推測されるため，その関係性を良好に保つための「身近な関係性のソーシャルサポート」が必要である．

　コミュニティにおける関係性の回復のためには，低調なままの認知症高齢者の社会参加を活性化させる必要がある．第5章の調査結果によると，従事者が最も充足すべきだと考えているニーズは「適切な社会参加活動（集会，趣味活動など）」「自由な外出」であった．3次計画では，認知症者の社会参加を促進するため，痴呆パートナーズをひとつの資源として想定している．しかし，痴呆パートナーズを養成してもボランティアの増加には結びつかず，認知症者の社会参加を促進する役割を期待するのは難しいことが明らかになった．また，外出の困難を抱えていることが社会参加を難しくする要因のひとつであることが明らかになった．したがって，認知症高齢者の社会参加を促進するためには，痴呆パートナーズと認知症高齢者を結びつけるボランティアセンターの機能強化と，交通手段の支援が必要である．

╈ 3．認知症者本人を重視した研究の成果と残された課題

（1）本研究の意義

　本研究では，韓国の認知症総合計画で想定されているゴール「痴呆患者と家族が地域社会で平安で安全に暮らせる社会具現」を実現するため，①想定しているアウトカムと，そのアウトカムを生み出すための活動が，認知症高齢者のニーズにどれだけ対応しているか，②計画に記されている活動の実施においてどのような課題があるかを明らかにすることを目指した．このため，従来の実績測定中心の評価から脱却し，認知症当事者，家族，専門家の見解による多角的アプローチによって，プログラムの妥当性を実証的に明らかにし，認知症者の視点に立って3次計画の見直しを試みた．

　これらの過程で得られた本研究の意義として，以下の3点を挙げることができる．

　第1に，3次計画のプログラム理論を抽出し明示化することによって，プログラムの改善のための概念的基礎を提供したことである．

プログラム理論はプログラムの開始前に開発すべきである．なぜなら，この一連の作業はプログラム成功の機会を増やしてくれるからである［Bickman 1987; Rogers et al. 2000］．ただ，プログラムの運用中またはプログラム評価の前であってもプログラム理論を開発することは可能であり，重要でもある［Rogers et al. 2000］．

すでに運用されている3次計画も，計画文には何々を実施するという「活動」，またそれに必要な「投入」，目標としている「アウトプット」は記されているが，どのような「アウトカム」を通して目的を実現できるかというプログラム理論が明確ではなかった．

そこで本研究では，3次計画が暗に想定しているプログラム理論を抽出し，ロジックモデルで可視化した．これによって，プログラム評価におけるセオリー評価以降の土台を提供し，各評価の前提条件を充足させるとともに，それらの結果を裏付けることができる［Rossi, Lipsey and Freeman 2004］．本研究が明示化した3次計画のプログラム理論，目標ごとのロジックモデルは，韓国の認知症政策を評価する際の共通の土台となるだけでなく，目指すべき，あるいは目指している方向性とプログラムの道筋について利害関係者のコンセンサスを得るための有効なツールとしても使用できる．

第2に，韓国の認知症高齢者がどのような困難を抱え，どのようなニーズをもっているか，多角的アプローチによって実証的に明らかにし，3次計画のインパクト理論で想定されているアウトカムおよび活動との整合性を検証したことである．

これまでの認知症高齢者に関する政策は，その生活実態，つまり，彼らが抱えているニーズが十分検討されないまま策定され実施されてきた現実がある．これは言いかえれば，認知症高齢者にとって有効な改善策であるのか，彼らの視点に立った検討が不十分であったともいえる．従来，「認知症高齢者はいわゆる"判断能力が不十分な人"に含まれると考えられ，意思疎通が困難となってくる」［久松 2017：71］とされており，研究においても，主に家族の意見に依拠するものが多かった．一方，高齢者の終末期医療専門医である大井［2015：186］は，重度の認知症高齢者の意思確認は可能であるとの見解を示している．

そこで，本研究は認知症高齢者の視点に立って3次計画の評価に取り組んだ．それは，認知症政策の出発点は認知症者であり，室伏［1995：120］の次の指摘

終　章　認知症高齢者の暮らしの改善に向けて　*159*

に強く共感するからでもある．「痴呆というハンディキャップをもった老人の生き方（生きる態度）の面から接近していくと，痴呆の生きた姿がわかる．ここには日常生活での必然的に避けられない事態の変化や新しい課題があって，それに対する老人のなまの反応や行動のあり方が自然に表されており，そこにケアのよりどころやヒントがある」．ここに立ち戻ってこそ，支援に求められる理念と，それにもとづく有効な施策についての議論が可能になるのではないだろうか．

Rossi, Lipsey and Freeman［2004＝2005：144］は，プログラム理論を検討する際，「サービス対象者である標的集団のニーズと関連させて行うことは必須」であると強調している．しかしながら，プログラム理論に着目した評価研究の多くはアウトカムに重点をおき，評価指標を開発するか，もしくはそれが達成されたかに注目する一方，ニーズの視点は欠如しており，それと関連させたプログラム理論の検討も行っていなかった．認知症政策の研究においても，認知症高齢者のニーズと政策との関連（整合性）が明らかにされておらず，彼らがおかれている状況をふまえた改善策の提示も十分になされているとは言い難い．

　本研究では，まず，認知症者本人，家族，従事者，政策立案者を対象とする探索的な質的アプローチによって認知症高齢者のニーズ構造を明らかにした．さらに，従事者を対象とする量的アプローチにより，ニーズを詳細に分析し，3次計画との対応を検討した．このように認知症者のニーズを実証的に明らかにした成果は，認知症政策を見直す際の有効な根拠資料になるであろう．

　第3に，3次計画の取り組みを自治体ごとの2016年推進成果評価報告書の内容分析によるメタ評価として行い，検討したことである．全国の実施状況を把握するのは容易なことではないが，この評価報告書には自治体の担当者による率直な記述もあり，3次計画の課題を導出するのに適していると判断した．

　具体的には，各自治体が活動を進めるうえでどのような問題を抱えているかを網羅的に把握し，投入からアウトプットにおける課題を明らかにした．

　現在はこれらの評価報告書があまりフィードバックされておらず［キムミョンス・コンビョンチョン 2016：227］，本研究で深層的な分析に用いたことは，研究の面においても，また，政策の改善においても，新たな可能性を開いた意義があるといえる．

（2）日韓の評価研究および福祉分野への示唆

　福祉の核心にある理念のひとつは，人がどのようなときも尊厳をもって暮らせるよう支援することであろう．一方で福祉研究においては，社会科学のさまざまな方法を用いて，尊厳を損なう社会的背景と要因を探索し，実証的に示さなければならない．このような手順を踏むのは，個々人の内側にある思いを越え，社会的課題として共有するためでもある．また，福祉政策を理念に沿って改善するためには，それに必要な情報を作り出していかなければならない．

　これらの点をふまえ，本研究が日本と韓国において与えうる示唆を考えてみたい．

　第1の示唆は，Rossi, Lipsey and Freeman［2004］が示すセオリー評価の理論枠組みを具体化し実施することによって，プログラムの改善に役立つ分析枠組みを提示したことである．

　従来の評価研究が事後的で効果測定に重点をおいているのに対して，本研究は実施中のプログラムを対象とするセオリー評価を実施し，その有効性を示した．現行の認知症総合計画である新オレンジプランの見直しにおいても，セオリー評価が活用されることを期待している．

　プログラムを成功させるためには，あるいは，プログラムを評価して有益な情報を得るためには，プログラム理論，すなわちプロセス理論とインパクト理論の両方が明確になっていなければならない［Rossi, Lipsey and Freeman 2004＝2005：155-156］．それを可能にするツールとして，本研究においては，目標ごとに作成した4枚のロジックモデルが大いに役立った．ロジックモデルは，3次計画のような大きなプログラムだけを対象とするのではない．実践現場においても，何を実現するために，どのような見込みでこの活動をしているのか，また，どの部分を見直すべきかの検討を容易にし，関係者のコンセンサスを得る際も，非常に有用性の高いツールとして活用できる．

　第2の示唆は，これまで看過されることの多かった認知症高齢者のニーズを，質的調査によって探索的に導き出し，量的アプローチによってニーズ構造と充足程度を明らかにしたことである．

　福祉政策は社会的ニーズに対応することを目的に考案されている［Dean 2010］はずであり，ニーズに応えられる仕組みになっているかの検討が，改善策の提示に先立って必要である．しかし，認知症高齢者のニーズ研究は，韓国では皆無に等しく，日本もまだ不十分な段階にある．認知症高齢者の意思確認

終　章　認知症高齢者の暮らしの改善に向けて　*161*

は困難であるとして，代理意思決定の倫理面での研究が進む一方で，ニーズそのものを把握しようとする取り組みは低調である．こうした現状において，本研究はニーズとの整合性から政策を検討するセオリー評価の有効性とともに，当事者のニーズを把握する，そのこと自体の必要性も喚起できたのではないかと考えている．

　なお，本研究では認知症政策に関する2つの重要な論点が浮かび上がった．それは，認知症高齢者の改善すべき状況をどのように捉えるべきか，認知症高齢者にとっての政策の有効性をどのように捉えるべきか，である．この点に関して，さまざまな視座とものさしが考えられるなかで，本研究では改善すべき状況をニーズとして捉えたが，認知症高齢者の場合は社会的ケアの質，生活の質（QOL）から現時点の状況を把握し，政策の有効性を確かめるとともに，新たに対応すべき部分を導き出すことも，ひとつのアイデアとして可能ではないかと思われる．このように検討の余地がまだ大きく残されており，今後もこの2つの論点を中心に据えて研究を深めていきたいと考えている．

（3）本研究の限界と課題

　最後に，本研究の限界と今後の課題を述べる．

　第1に，3次計画の4つの目標すべてのプログラム理論を研究対象としているにもかかわらず，認知症者本人を重視する方針を採ったため，彼らと直接関係のある目標Ⅰと目標Ⅱに評価結果が集中していることである．それは，本研究が帰納法的アプローチを採り，そこから浮き彫りになった問題と3次計画との整合性をみたからでもある．今後の研究においては，演繹的な評価アプローチによって4つの目標をさらに検討する必要がある．

　第2に，認知症高齢者の視点を重視する方針で研究を行ったが，在宅ケアに関するプログラム理論の検討においては従事者の見解に依拠したことである．それは，既存の研究の多くが家族や専門家の意見にもとづいているからであったが，認知症高齢者と日々接しているとはいえ，あくまでも従事者という他者が捉えたニーズであり，認知症者本人の実際のニーズとは多分に異なる可能性を否定できない．本人の意見を反映するための研究方法や，それにともなう倫理的配慮についての検討が求められるが，それらは今後の課題としたい．

　第3に，質問紙調査において，認知症高齢者と接するさまざまな従事者の一部分のみを対象としたことと，サンプル数からみても一般化できる議論ではな

いことである.

　第4に，認知症高齢者のニーズ調査において対象者の認知機能，ADL の状況，家族構成，所得を把握していないことである．それは，属性によるニーズの違いを知ることを目的としなかったからであるが，たとえば家族構成を含む主介護者の状況，生活保護者か否かによって利用できるサービスが異なるため，生活上で生じているニーズも異なる可能性がある．属性を考慮した追加調査によって，認知症高齢者の実態をより詳細かつ包括的に把握する必要がある.

　第5に，施設で暮らしている認知症高齢者の実態やニーズを詳細に反映できていないことである．本研究では，3次計画の「在宅ケアポート」に関して詳細に検討した．それは，認知症高齢者が在宅での暮らしへの強い思いをもっていたため，それを優先して検討したからである．しかし，3次計画をロジックモデルで明示化した結果，施設に入所している認知症高齢者のための活動とアウトカムが不足していることが明らかになった．ここに焦点を合わせた調査を行い，あらためて検討する必要がある.

　第6に，プロセス理論の検討において自治体の報告書を評価の素材としたことによって，実施状況はある程度把握できたものの，投入（予算，人員など）およびアウトプットの実績データと合わせた綿密な検討ができなかったことである．今後は，セオリー評価に続くプロセス評価を実施し，事業の実効性を大きく左右する予算と人員の状況を把握する必要がある.

　以上のような限界と課題を残しているものの，本研究では認知症高齢者の視点に立って，韓国の認知症総合計画の課題を明らかにし，提言を行うことができた．これらの結果が，認知症高齢者のよりよい暮らしの実現に少しでも役立つことを願う.

あ と が き

　この研究に取りかかったとき，私は大きな不安に苛まれていました．よく「評価はわかりにくい」という声を聞くのですが，当時の私も，セオリー評価で行くと決めたのに「これでいいのかな」という疑問だらけだったのです．こんな調子で研究を進められるのか……．そういう不安があったからこそ，ロッシが提示しているセオリー評価の理論枠組みにできるだけ従い，それを応用して自分の研究目的に合った評価設計を行うよう努めました．

　研究を進めていくうちに，不安は少しずつ薄れてゆき，新たに見えてくるものがありました．評価は活用してこそ意味がある．「これでいい」という正解を求めるより，ずっと大事なことに気づいたのです．

　そのようなわけで，本書は評価理論の面でロッシを越えるものではありません．しかし，ロッシの理論の延長線上に，目印の石を1つぐらいは置けたかなと思っています．

　いまもときどき考えるのは，評価という研究手法の使われ方です．評価には，設計し，調査し，分析し，結果を導き出すという一連の過程があります．しかし実際は，判断基準となる評価指標の開発にエネルギーを注ぎ，そこに留まっている評価研究が多いのです．もちろん，妥当性のある評価指標の開発はそれなりに難しく，重要でもあります．私は，それだけではもったいない，研究のための研究になってはいけないと思い，かなり背伸びをして評価設計から実証まで突き進みました．セオリー評価を十分に理解したとはいえないかもしれませんが，その奥深さと楽しさ，そしてどう役立つかを，身をもって経験できたと思います．

　本書を読まれたみなさんも，ぜひ期待して評価の実践に飛び込んでみてください．終章でも少しだけふれましたが，セオリー評価は国の政策のような大きなプログラムだけでなく，現場の小さなプログラムにも使えます．たとえば，施設で働いているソーシャルワーカーが，どのようなサービスが新たに必要なのか，現在のサービスのどこに問題があるか，どう手直しすればいいかを知りたいとき，ロジックモデルを描いて，あれこれ話し合ってみてはいかがでしょうか．

ここに至るまでさまざまな出来事があり，いろいろなことに気づきました．そのなかで最もうれしかったのは，本書に何度も登場するP・H・ロッシとの出会いです．彼が長年にわたって磨き上げたプログラム評価理論が，評価など少しも知らなかった私にまで届いたのは，奇跡のようなことだと思っています．

　同志社大学に入学したのが1999年ですから，もうかなりの年月が過ぎています．学部で指導してくださったマーサ・メンセンデイーク先生は，自由に遊び，自由に考えるよう，あたたかく見守ってくださいました．修士課程でお世話になった井岡勉先生は，福祉を研究し実践する者はどのような生き方をしたらいいのか，身をもって教えてくださいました．両先生をはじめとする数多くの先生から受けた教えが，福祉に取り組むかけがえのない土壌になりました．心から感謝申し上げます．

　長く休学していた私を再び受け入れてくださったのが，同志社大学社会学部の埋橋孝文先生です．先生の厳しいご指導がなかったら，この研究を前に進めることはできませんでした．ありがとうございます．研究者として，教育者として，さらには人生の先輩として，バランスのとれたライフスタイルからも多くのことを学びました．とても尊敬しています．

　博士論文の副査を務めていただいた山田裕子先生からは，認知症政策に関する専門的なご指導と，お会いするたびに親身な励ましの言葉を頂戴しました．研究を進めるうえで何より心強く支えになったのは，認知症高齢者に対する私の思いを聞いてくださったことと，彼らをめぐる状況を考えるうえで何を重視すべきかを教えてくださったことです．生活面でのサポートやアドバイスにも心から感謝いたします．

　外部副査である同志社大学政策学部の山谷清志先生には，評価研究の理解で大きな壁にぶつかったとき相談に乗っていただき，大変お世話になりました．文献だけで知っていた，この研究分野の第一人者である先生が同志社に，しかも，私と同じ新町キャンパスにおられることは，大きな驚きであり幸運でした．先生の的確なコメントによって壁を乗り越え，あきらめずに歩きとおすことができたと思います．ありがとうございます．

　それほどのものではないと思っていた博論を出版することになったのは，山谷先生からのありがたいお声掛けと，埋橋先生の応援があったからです．編集の労を引き受け，上手に背中を押してくださった晃洋書房の山本博子さんに心から感謝します．

また，ここには書ききれないほど多くの方々から，さまざまなご指導と応援をいただきました．そのすべてのおかげでかたちになった本書が，お一人お一人への感謝を込めた研究報告になると幸いです．

最後に，私のわがままを仕方なく受け入れてくれた北山さんと，日々の生活を楽しく豊かにしてくれる愛猫の美遊，そして肉親ではありますが，学問に専念できるようサポートしてくれた母と，福祉の勉強を勧めてくれた大好きな亡き父にも，ここであらためて感謝の気持ちを記しておきます．

　　2019年1月

　　　　　　　　　　　　　　　　　　韓国・蔚山の自宅にて

　　　　　　　　　　　　　　　　　　　李　　玲珠

補 足 資 料

資料1　認知症者用インタビューガイド

韓国「第3次痴呆管理総合計画」のセオリー評価のためのニーズ調査
—認知症者のインタビューガイド—

1．調査対象者の基本情報

氏名：　　　　　　　　　　　年齢：

住所：　　　　　　　　　　　性別：

病歴：

現在服用中の薬：

現在利用している公的サービス：

2．ニーズ把握と3次計画との関係について

① 認知症になってどのようなことで困っていますか？

② 何をしてほしいですか？

資料2　家族用インタビューガイド

韓国「第3次痴呆管理総合計画」のセオリー評価のためのニーズ調査
―家族（主介護者）のインタビューガイド―

1．調査対象者の基本情報

氏名：　　　　　　　　　　年齢：

連絡先：　　　　　　　　　性別：

住所：

家族構成：

認知症者との関係：

介護歴：

その他：

2．認知症者の基本情報

氏名：

年齢：　　　　　　　　　　性別：

病歴：　　　　　　　　　　病名：

現在服用中の薬：

要介護度：

今まで利用したサービス：

現在利用しているサービス：

その他：

3．ニーズ把握と3次計画との関係について

① 認知症者が抱えていると思われる問題は？

② その問題を解決できない理由は何ですか？

③ その問題を解決するためには，どの部分が改善されるべき？

④ 認知症者にとって不十分だと思われる部分は？

⑤ アウトカムを生み出すために構成されている手段は適切だと思われますか？

⑥ 今後，改善すべき点がありますか？

補 足 資 料　169

資料3　従事者・政策立案者用インタビューガイド

韓国「第3次痴呆管理総合計画」のセオリー評価のためのニーズ調査
―従事者と政策立案者のインタビューガイド―

1．調査対象者の基本情報

氏名：　　　　　　　　　年齢：

連絡先：　　　　　　　　性別：

住所：

勤務先：　　　　　　　　職種：

主な経歴：

2．ニーズ把握と3次計画との関係について

① 認知症者が抱えていると思われる問題は？

② 3次計画はその問題を解決できる内容で構成されていると思われますか？

③ 認知症者にとって不十分だと思われる部分は？

④ アウトカムを生み出すために構成されている手段は適切だと思われますか？

⑤ 今後，改善すべき点がありますか？

資料4　質問紙（1/10）

痴呆高齢者の生活実態と

長期療養機関のサービス提供の現状に関する調査

こんにちは．

　日本の同志社大学大学院で社会福祉を専攻している李玲珠と申します．

　韓国は現在，痴呆に関する総合政策として「第3次痴呆管理総合計画」（以下「3次計画」と略す）を2016年から5年間の計画で実施しています．私はこの「3次計画」の内容のうち，特に在宅ケア政策について研究するため，今回のアンケートを実施することにしました．

　今回の調査の目的は，①痴呆のお年寄りの実態を把握し，②「3次計画」の遂行と関連して長期療養機関がどのような問題点を持っているのか，補完しなければならない事項は何なのかを調べることです．現場実務者のみなさんのご意見は，改善策を考える大きな助けになるでしょう．

■アンケート対象機関は，<u>訪問療養と訪問看護の両方を登録している</u>全国の長期療養機関です．

■質問紙は，<u>管理責任者1名，社会福祉士または訪問看護（助務）師1名，療養保護士1名の3名にご回答いただくため，機関ごとに3部ずつお送りしました．</u>

　それぞれ該当する方にお渡しのうえ，ご回答いただくようお伝え願います．（所要約10分）

■ご回答いただいた質問紙は，<u>2017年4月30日までに</u>同封の返信用封筒に入れてお送りください．

■この調査によるすべての情報は本研究のためにだけ使用され，機関が特定されたり個人情報が明らかになることはいっさいありません．

■質問紙の同じ番号だけをチェックしたり，チェックしていない項目があると，貴重なデータが欠損値として処理され，使用できないことをあらかじめお知らせします．

　お忙しいなか貴重な時間を割いてご対応いただき，心より感謝申し上げます．

2017年3月

研究者：李玲珠（いよんじゅ）

所属：同志社大学　大学院

連絡先：010-＊＊＊＊-＊＊＊＊／y＊＊＊＊＊@hotmail.com

補 足 資 料　　171

資料4　質問紙（2/10）

Ⅰ．痴呆高齢者の生活実態についてお尋ねします．

Q1. 対象者のお年寄りの中で，痴呆関連の薬を服用しており，最も長くサービスを利用しておられる方について，次の各質問ごとに○を一つ付けてください．

	質　問	まったくそうではない	そうではない	少しそうである	非常にそうである
1	何をするかお年寄り自身で決めている．	1	2	3	4
2	身のまわりの管理（清潔，身だしなみなど）が適切になされている．	1	2	3	4
3	十分な食事が定期的によくできている．	1	2	3	4
4-1	周辺（家族など）での虐待はない．	1	2	3	4
4-2	転倒防止のための対策が居住空間に設けられている．	1	2	3	4
5-1	地域の一員として受け入れられている．	1	2	3	4
5-2	まわりに安心して相談できる誰かがいる．	1	2	3	4
6	適切な社会参加活動（集会，趣味活動など）をしている．	1	2	3	4
7	居住環境が快適で適切である．	1	2	3	4
8	本人の意思が尊重されている．	1	2	3	4
9-1	適切な痴呆治療を受けている．	1	2	3	4
9-2	薬の服用が円滑によくなされている．	1	2	3	4
10-1	外出を自由にしている．	1	2	3	4
10-2	必要な場合に移動手段が確保できる．	1	2	3	4
11-1	家族や周囲の人は痴呆に関する十分な知識をもっている．	1	2	3	4
11-2	周囲に痴呆に対する偏見はない．	1	2	3	4
12	家族や周囲の人は痴呆の周辺症状（徘徊，妄想など）に適切に対応している．	1	2	3	4
13	周囲から適切な精神的・情緒的支援がなされている．	1	2	3	4

資料4 質問紙 (3/10)

Ⅱ. 3次計画に含まれている政策の必要性の程度を調べるための質問です.

Q2. 各質問項目の政策がどの程度必要であると考えているか, ○を一つ付けてください.

	質　問	まったく必要でない	あまり必要でない	少し必要である	非常に必要である
1	1・2等級対象者に年間6日以内で月の限度額と関係なく24時間訪問療養を提供（痴呆家族休暇制度）	1	2	3	4
2	療養・看護統合在宅サービスの導入	1	2	3	4
3	療養・看護統合在宅サービスを通じた服薬管理の徹底と家族への痴呆教育の提供	1	2	3	4
4	痴呆老人転倒防止および住居環境指針の開発	1	2	3	4
5	痴呆老人失踪予防のための徘徊認識票などの広報拡大	1	2	3	4
6	痴呆老人カスタマイズ型老人長期療養サービスの提供マニュアルの開発・普及	1	2	3	4
7	医師, 看護師, 療養保護士など従事者の業務に即した教育プログラムの開発・提供	1	2	3	4
8	痴呆専門教育および履歴管理の支援	1	2	3	4
9	長期療養5等級対象者選定の客観性の強化	1	2	3	4
10	長期療養5等級認知活動型プログラムの効果性の評価	1	2	3	4
11	長期療養5等級対象者への家事サービスの支援	1	2	3	4
12	療養施設およびデイサービスセンターにおける痴呆ユニットの設置・運営	1	2	3	4
13	施設従事者の人権教育, 人権マニュアルの作成・配布など, 虐待予防のためのモニタリング強化	1	2	3	4
14	痴呆非薬物治療法の開発および実用化の支援	1	2	3	4
15	痴呆患者の生涯末期医療ケアに関する教育プログラムの開発・普及	1	2	3	4

補 足 資 料　*173*

資料4　質問紙（4/10）

Q3．以上の3次計画の内容は，**痴呆のお年寄りの在宅ケア支援政策**として十分だと思いますか？

① まったくそうではない
② そうではない
③ 少しそうである
④ 非常にそうである

Q4．以上の3次計画の内容は，**痴呆関連従事者の力量強化**のために十分だと思いますか？

① まったくそうではない
② そうではない
③ 少しそうである
④ 非常にそうである

Q5．以上の3次計画の内容は，**家族の痴呆対応力**を向上させるのに十分だと思いますか？

① まったくそうではない
② そうではない
③ 少しそうである
④ 非常にそうである

Q6．以上の3次計画の内容は，**痴呆のお年寄りの権利擁護**のために十分だと思いますか？

① まったくそうではない
② そうではない
③ 少しそうである
④ 非常にそうである

Q7．以上の3次計画の内容は，**痴呆のお年寄りの安全確保**のために十分だと思いますか？

① まったくそうではない
② そうではない
③ 少しそうである
④ 非常にそうである

資料4　質問紙（5/10）

Q8. 以上の3次計画の内容は，痴呆のお年寄りの身体・認知機能の改善のために十分だと思いますか？

① まったくそうではない
② そうではない
③ 少しそうである
④ 非常にそうである

Q9. 以上の3次計画の内容は，長期療養サービスの質の向上のために十分だと思いますか？

① まったくそうではない
② そうではない
③ 少しそうである
④ 非常にそうである

Ⅲ. 次は3次計画に関連するサービスの利用状況に関する質問です.

Q10. 1，2等級対象者には，月の限度額と関係なく年間6日以内，24時間訪問療養を利用できる家族休暇制度があります. あなたはこの家族休暇制度についてご存じですか？

① 知っていた　　　　　② 質問紙を受け取るまで知らなかった

Q11. 家族休暇制度の利用による24時間訪問介護サービスを提供したことがありますか？

① ある→2017年3月末基準　　　件　　　　② ない

Q12. 利用者（家族）からの依頼がなかったり利用申請が少ない理由は何だと推測されるか，一つ選択してください.

① 広報不足でこのような制度があることを知らない
② 1，2等級対象者に限定しており，3～5等級対象者は利用不可能（対象者限定）
③ 訪問看護・訪問療養を同時に（すべて）登録している機関自体が不足している
④ その他（自由記述：　　　　　　　　　　　　　　　　　　　　　）

補足資料　175

資料4　質問紙（6/10）

Q13. 24時間訪問療養（家族休暇制度）が実際のサービス提供までつながりにくい理由は何か，一つ選択してください．

① 費用負担で利用者が拒む

② 運営が考慮されていない低報酬体系のため機関で対応できない

③ 訪問療養4時間ごとに30分ずつの休憩時間を必要とするため，労働法の遵守が困難

④ 療養保護士の求人難で人材が不足している

⑤ 看護人材の求人難で人材が不足している

⑥ 看護人材が義務的に訪問するが，看護関連の報酬が反映されていないため勤労意欲が低下

⑦ その他（自由記述：　　　　　　　　　　　　　　　　　　　　　　　　　　　　　　）

Q14. 徘徊認識票および徘徊感知器が在宅サービスの種類にあることをあなたはご存じですか？

① 知っていた　　　　　② 質問紙を受け取るまで知らなかった

Q15. 徘徊認識票および徘徊感知器の使用依頼を受けてサービス提供まで取り次いだことがありますか？

① ある→2017年3月末基準：　　　名　　　　　② ない

Q16. 徘徊認識票と徘徊感知器の利用が低調な理由を一つ選択してください．

① 必要性を感じられない

② 案内しても無関心

③ 福祉用具関連についてよく知らない

④ 利用が面倒で拒否する

⑤ 利用料が負担になる

⑥ その他（自由記述：　　　　　　　　　　　　　　　　　　　　　　　　　　　　　　）

Q17. 痴呆のお年寄りの失踪予防のための関連機関間の協助はうまくいっていると思いますか？

① まったくそうではない

② あまりそうではない

③ 少しそうである

④ 非常にそうである

資料4 質問紙（7/10）

Q18. 上記の質問で①，②を選択した方は，その理由を書いてください．

自由記述：

IV. 3次計画には含まれていないが，改善すべき点を調べるための質問です．

Q19. よりよい在宅ケアのために，以下の項目がどの程度必要であると考えているか，一つの○で示してください．

	質問	まったく必要でない	あまり必要でない	少し必要である	非常に必要である
1	在宅長期療養機関の拡充	1	2	3	4
2	利用者の在宅サービス利用限度額の増額	1	2	3	4
3	利用者の本人負担金の軽減	1	2	3	4
4-1	在宅サービスの強化	1	2	3	4
4-2	24時間訪問介護（家族休暇制度）利用対象者の拡大（現在1，2等級のみ利用可能→1～5等級利用）	1	2	3	4
4-3	24時間訪問介護（家族休暇制度）利用可能日数の拡大（現在年間6日のみ利用可能）	1	2	3	4
4-4	ショートステイサービス活性化のための方策づくり	1	2	3	4
4-5	予防中心のリハビリの提供	1	2	3	4
4-6	配食サービスの対象者拡大	1	2	3	4
4-7	痴呆のお年寄りの外出支援策の拡充	1	2	3	4
4-8	口腔ケアのための訪問歯科サービス	1	2	3	4
4-9	栄養管理のための訪問栄養教育サービス	1	2	3	4
4-10	認知改善プログラムの多様化	1	2	3	4
5	痴呆専門の社会福祉士，看護師，訪問療養保護士など専門人材の養成	1	2	3	4
6	サービス提供に見合った保険報酬の引き上げ	1	2	3	4

補足資料　*177*

資料4　質問紙（8/10）

7	身体機能中心となっている評価判定基準の改編（痴呆など認知機能状態の反映度が低い）	1	2	3	4
8	長期療養保険制度の広報	1	2	3	4
9	評価マニュアルの改善	1	2	3	4
10	痴呆およびお年寄りの状態に合わせたサービス（在宅，入所，病院など）連携機能の強化	1	2	3	4
11	お年寄りのふだんの意思決定支援のための対策づくり	1	2	3	4
12	痴呆のお年寄りの精神的・情緒的サポートのための対策づくり	1	2	3	4
13	その他（自由記述：				）

Q20. 痴呆のお年寄りの**意思決定支援のために**何が最も必要だとお考えですか？　下の選択項目から一つ選択してください．

① 痴呆への理解および認識の改善

② お年寄りを対象とする日常の教育

③ 家族を対象とする日常の教育

④ 職員を対象とする日常の教育

⑤ 一般市民を対象とする日常の教育

⑥ 意思決定支援のためのガイドラインづくり

⑦ その他（自由記述：　　　　　　　　　　　　　　　　　　　　　　　　　　　）

Q21. 痴呆のお年寄りの**精神的・情緒的なサポートのために**何が最も必要だとお考えですか？　下の選択項目から一つ選択してください．

① 精神的・情緒的なサポートのための制度づくり

② 情緒的なサポートのためのプログラム開発

③ ペットなど多様な媒介を使用したセラピーの適用

④ 社会的活動への参加機会の拡大

⑤ ボランティアとの連携

⑥ 精神的・情緒的サポートの重要性を周囲で認識する

⑦ その他（自由記述：　　　　　　　　　　　　　　　　　　　　　　　　　　　）

資料4　質問紙（9/10）

> V. 最後に貴機関およびあなたの一般的な事項についてお尋ねします.

Q22. 貴機関の所在地はどこか，ご記入ください.

（　　　　　　　）特別市／広域市／道（　　　　　　　　）市／郡／区

Q23. あなたの性別は何ですか？
① 男性　　　② 女性

Q24. あなたの年齢はおいくつですか.
① 20代　　　② 30代　　　③ 40代　　　④ 50代　　　⑤ 60代以上

Q25. 貴機関が現在提供しているサービスの種類は何ですか？（○はいくつでも）

① 訪問療養　　　② 訪問看護　　　③ 24時間訪問療養　　　④ その他（　　　　）

Q26. 貴機関の運営主体は何ですか？（○は一つ）

① 個人　　　② 社会福祉法人　　　③ 医療法人　　　④ 国公立　　　⑤ その他（　　　　）

Q27. 現在の機関に登録されているあなたの職種は何ですか？（○は一つ）

① 管理責任者　② 社会福祉士　③ 看護（助務）師　④ 療養保護士　⑤ その他（　　　　）

Q28. 現在の機関に登録されているあなたの資格（免許）の種類は何ですか？（○は一つ）

① 看護（助務）師　　② 療養保護士　　③ 社会福祉士　　④ その他（　　　　）

Q29. あなたが痴呆のお年寄りのケア関連で勤務した期間は，以前の職場を含めてどのくらいですか？（長期療養保険制度導入前の経歴を含む）

勤務期間　約：　　年　　か月

補足資料　179

資料4　質問紙（10/10）

Q30. 貴機関の**訪問療養対象者**は，2017年3月末基準で何人ですか？

対象者の現在の人数	そのうち痴呆と診断された方
人	人

Q31. 貴機関の**訪問看護対象者**は，2017年3月末基準で何人ですか？

対象者の現在の人数	そのうち痴呆と診断された方
人	人

Q32. 貴機関の訪問療養・訪問看護サービスに**登録されている療養保護士の人数**は何人ですか？

2017年3月末基準：　　　人

Q33. 貴機関の訪問療養・訪問看護サービスに**登録されている看護（助務）師の人数**は何人ですか？

2017年3月末基準：　　　人

Q34. 貴機関の訪問療養・訪問看護サービスに**登録されている社会福祉士の人数**は何人ですか？

2017年3月末基準：　　　人

■痴呆のお年寄りのために，あるいは痴呆のお年寄りのケアにおいて今後改善してほしい点があれば自由にご記入ください．

―最後までお答えいただきありがとうございます―

参 考 文 献

【日本語文献】

赤沼康弘［2012］「認知症患者の権利をどう守るのか？──認知症の権利擁護」『内科』
　　109(5).

秋吉貴雄［2017］『入門公共政策学──社会問題を解決する「新しい知」』中央公論新社（中
　　公新書）.

石田光広［2001］「冷静な分析，政策評価が重要に──介護保険の諸課題のゆくえ」『地方行
　　政』9366.

伊藤美智予［2008］「要介護認定データを用いた施設ケアのアウトカム評価の試み──要介
　　護度維持・改善率の施設間比較」『社会政策研究』8.

李玲珠［2016］「福祉分野におけるセオリー評価の活用可能性──プログラム改善に資する
　　情報を得るには」『評論・社会科学』118.

上野千鶴子［2011］『ケアの社会学──当事者主権の福祉社会へ』太田出版.

内田陽子［2007］「認知症ケアのアウトカム評価票原案の開発」『The Kitakanto Medical
　　Journal』57(3).

大井玄［2015］『呆けたカントに「理性」はあるか』新潮社（新潮新書）.

大川弥生［2009］『「よくする介護」を実践するための ICF の理解と活用──目標志向的介護
　　に立って』中央法規.

大島巌［2010］「精神保健福祉領域における科学的根拠にもとづく実践（EBP）の発展から
　　みたプログラム評価方法論への貢献──プログラムモデル構築とフィデリティ評価を中
　　心に」『日本評価研究』10(1).

大島巌［2012］「制度・施策評価（プログラム評価）の課題と展望」『社会福祉学』53(3).

大島巌［2014］「科学的根拠に基づく実践とその形成評価アプローチが日本社会に定着しな
　　い現状と要因──改善への示唆」『日本評価研究』14(2).

大島巌・小佐々典靖・贄川信幸ほか［2010］「科学的な実践家参画型プログラム評価の必要
　　性と実践的な評価者・評価研究者育成の課題」『リハビリテーション研究』145.

蔭山正子・横山恵子・小林清香ほか［2015］「精神障がいの家族ピア教育プログラムの質的
　　評価──プログラム事後の自由記載の分析」『日本看護科学会誌』35.

上村勇夫・道明章乃・小佐々典靖ほか［2012］「効果の上がる福祉実践プログラムモデル構
　　築のためのアウトカムモニタリングシステムの開発──実践家・研究者協働によるプロ
　　グラム評価アプローチから」『日本社会事業大学研究紀要』58.

菊澤佐江子・澤井勝・藤井恭子［2007］「軽度要介護者（軽度者）における介護保険サービ
　　ス利用の効果──パネルデータによる要介護状態の変化の分析」『老年社会科学』29(3).

久世淳子・樋口京子・門田直美ほか［2007］「NFU 版介護負担感尺度の改定──地域ケア研
　　究推進センターにおける介護保険制度の政策評価と介護負担感」『日本福祉大学情報社

会科学論集』10.

近藤克則［2004］「回復期リハビリテーション病棟のインパクト——政策評価の視点から」
　　『リハビリテーション医学』41(4).

斉藤雅茂・平野隆之・藤田欽也ほか［2010］「『小地域ネットワーク活動支援データ管理ソフ
　　ト』の開発と設計思想——要援護高齢者への見守り活動の評価ツール」『日本福祉大学
　　社会福祉論集』123.

坂田周一［2014］『社会福祉政策　第3版——現代社会と福祉』有斐閣.

佐々木亮［2013］「プログラム評価は教育支援の改善にどう貢献できるか——支援プログラ
　　ム評価のデザインの重要性」『母語・継承語・バイリンガル教育（MHB）研究』9.

佐藤郁也［2008］『質的データ分析法——原理・方法・実践』信曜社.

佐藤哲郎［2009］「社会福祉協議会の地域福祉活動をどう評価していくか——地域福祉活動
　　（プログラム）評価におけるロジック・モデル適用の可能性（平成21年度事業実施共同
　　研究報告書）」『関西福祉大学附置地域社会福祉政策研究所報告書』2009.

佐藤哲郎［2010］「社会福祉協議会活動の評価方法について一考察——プログラム評価にお
　　けるロジック・モデルの活用」『関西福祉大学社会福祉学部研究紀要』14(1).

佐藤哲郎［2012a］「市町村社会福祉協議会の事業評価について——プログラム評価によるロ
　　ジック・モデルの活用」『社会福祉士』19.

佐藤哲郎［2012b］「社会福祉協議会が展開するボランティアセンターの評価方法について
　　——プログラム評価によるロジック・モデルの活用」『松本大学研究紀要』10.

佐藤徹［2013］「政策評価システムの機能要件——高齢者福祉施策を事例に」『社会政策』
　　5(2).

志水田鶴子［2003］「わが国の福祉サービス評価の歩みと現状」『保健福祉学研究』（東北文
　　化学園大学）1.

杉原百合子・山田裕子・小松光代ほか［2016］「認知症の人の意思決定における介護支援専
　　門員の支援に関する文献レビュー」『同志社看護』1.

鈴木みずえ［2014］「認知症高齢者のもてる力を引き出す看護——認知症のパーソン・セン
　　タード・ケア」『老年看護学』19(1).

田辺智子［2014］「業績測定を補完するプログラム評価の役割——米国の GPRAMA の事例
　　をもとに」『日本評価研究』14(2).

塚原康博［2004］「福祉政策の費用・効果分析——墨田区のショートステイを事例として」
　　『厚生の指標』51(7).

中越章乃・大島巌・古屋龍太ほか［2015］「制度モデルを改善し，効果モデルを構築する実
　　践家参画型プログラム評価の試み——精神障害者退院促進・地域定着支援プログラムを
　　対象として」『ソーシャルワーク研究』40(4).

長澤紀美子［2012］「ケアの質の評価指標の開発と課題——国際的な動向とイギリスにおけ
　　るアウトカム指標を中心に」『季刊社会保障研究』48(2).

長澤紀美子［2013］「諸外国における自治体評価——イギリスの業績測定を例に」『社会政

策』5(2).

永田久美子［1997］「痴呆のある高齢の人々の自己決定を支える看護」『老年看護学』2(1).

贄川信幸［2010］「精神保健福祉サービスに新しいインパクトをもたらしたプログラム評価
(2)──統合失調症の家族心理教育」『リハビリテーション研究』145.

贄川信幸・大島巌・道明章乃ほか［2011］「効果のあがる精神障害者退院促進支援プログラ
ムモデル構築に向けた実証的アプローチ（その2）──効果モデルのフィデリティ尺度
の開発と関連要因」『病院・地域精神医学』54(1).

西田厚子［2003］「地方自治体における政策評価システム」『龍谷大学大学院研究紀要　社会
学・社会福祉学』10.

西田淳志［2015］「英国の認知症国家戦略」『海外社会保障研究』190.

西出順郎［2005］「行政評価の再構築──理論着眼型評価思考の確立に向けて」『日本評価研
究』5(1).

「認知症疾患診療ガイドライン」作成委員会編［2017］『認知症疾患診療ガイドライン2017』
医学書院.

野口正人［2000］「米国保健・福祉省の政策評価」『Eco-forum』19(3).

朴光駿［2013］「比較社会政策の素材としての東アジア社会政策──制度研究を超えて」『社
会政策』5(2).

畑野相子・筒井裕子［2006］「認知症高齢者の自己効力感が高まる過程の分析とその支援」
『人間看護学研究』4.

原田宗忠・西田麻衣子・山田裕子ほか［2009］「初期アルツハイマー型認知症の高齢者にお
ける不安と自己の側面」『日本認知症ケア学会誌』8(1).

久松信夫［2017］「認知症高齢者支援におけるソーシャルワーカーの代弁プロセス──地域
包括支援センターの社会福祉士に焦点をあてて」『社会福祉学』57(4).

平岡公一［2005］「介護保険サービスに関する評価研究の動向と課題」『老年社会科学』
27(1).

平岡公一［2008］「介護保険の政策評価の動向」『社会政策研究』8.

平岡公一［2013］「ヒューマンサービス領域におけるプログラム評価と政策評価」『社会政
策』5(2).

平野隆之・奥田佑子［2008］「認知症高齢者のサービス利用構造と地域ケアの推進課題」『社
会政策研究』8.

平野隆之・近藤克則［2008］「介護保険の評価研究プロジェクトの概要と5つの視点」『社会
政策研究』8.

平野隆之・笹川修［2008］「介護保険給付実績分析ソフトの設計思想と到達点──保険者主
体の評価ツール」『社会政策研究』8.

廣瀬圭子・児玉桂子・大島千帆ほか［2012］「『認知症高齢者に配慮した施設環境づくり支援
プログラム』の効果的実践モデルの構築──プログラム評価理論および方法論の適用」
『日本社会事業大学研究紀要』58.

藤島薫［2008］「障害者自立支援法における精神障害者の地域生活支援——地域活動支援センターの実態調査からプログラム評価の可能性を探る」『北海道地域福祉研究』12.

本田圭助・蒲原新一・大田政史ほか［2015］「地方自治体の階層的政策体系における持続性貢献度評価枠組」『環境と安全』6(1).

三浦文夫［1987］「社会福祉制度『改革』の意義と課題」『季刊社会保障研究』23.

三重野卓［2015］「会長講演『福祉』の測定から幸福度へ——数量化をめぐる半世紀を振り返る」『福祉社会学研究』12.

三重野卓・藤澤由和［2013］「小特集に寄せて」『社会政策』5(2).

源由理子［2013］「政策評価におけるセオリー評価の実践——『実践家協働型探索モデル』の可能性」『ガバナンス研究』9.

源由理子［2015］「社会福祉領域における実践家が参画する評価の意義と可能性——参加型評価方式からの考察」『ソーシャルワーク研究』40(4).

三輪哲・林雄亮編［2014］『SPSS による応用多変量解析』オーム社.

室伏君士［1995］「痴呆の介護はどのようにするか——痴呆性老人のメンタルケア」，上田慶二・大塚俊男・平井俊策ほか編『老年期痴呆診療マニュアル』日本医師会.

山上俊彦［2009］「住宅補助政策の効率性測定に関する考察」『日本福祉大学経済論集』39.

山地佳代・竹崎久美子・塩塚優子ほか［2000］「ケア効果としての痴呆性老人の変化の構造——痴呆棟で働く看護職への質問紙調査を通して」『老年看護学』5(1).

山田裕子［2012］「家族へのケア」，横出正之・荒井秀典編『健康長寿学大事典——QOL から EBM まで』西村書店.

山谷清志［2002］「わが国の政策評価——1996年から2002年までのレビュー」『日本評価研究』2(2).

山谷清志［2004］「評価の理論と実践におけるプログラムの概念——政策評価と ODA 評価をめぐって」『同志社政策科学研究』6(1).

山谷清志［2006］『政策評価の実践とその課題——アカウンタビリティのジレンマ』萌書房.

米川和雄・山崎貞政［2010］『超初心者向け SPSS 統計解析マニュアル——統計の基礎から多変量解析まで』北大路書房.

米原あき［2015］「セオリー評価における社会調査の活用可能性——『協同型社会調査』の導入事例」『ガバナンス研究』11.

龍慶昭・佐々木亮［2010］『〈増補改訂版〉「政策評価」の理論と技法』多賀出版.

【韓国語文献】

イウォングン［2009］「超高齢社会での認知症高齢者福祉政策の課題」2009年度祥明大学大学院修士論文.

イウナ［2014］「中高年女性の慢性疾患管理——痴呆管理政府政策および痴呆特別等級医師所見書作成」『大韓産婦人科学会中高年女性健康演習講座』3.

イジナ［2016］「日本の痴呆政策を通してみる我が国の痴呆政策の発展方法探索」『Journal

of Digital Convergence』14(11).

イソクミン［2010］「社会サービス事業の『プログラム理論主導の評価モデル』の適用に関する研究——カスタマイズ訪問健康管理事業を中心に」『韓国政策学会報』19(3).

イソクミン・ウォンション［2012］「老人長期療養保険制度の社会的成果に対する評価——理論主導評価の観点」『韓国社会と行政研究』22(4).

イムジヨン［2006］「青少年の活動プログラムの論理主導的評価準拠システムの開発」高麗大学大学院博士論文.

イムジヨン・キムヨンソク［2013］「青少年活動施設の理論主導の評価モデルの開発研究」『韓国青少年研究』24(2).

オジョンウン［2014］「中・高年層転職支援サービスの継続的な質向上のための論理主導評価モデルの開発研究」漢陽大学大学院博士論文.

キムイノク・シムムンスク［2015］「軽度認知障害，老人の認知機能，ツール的日常生活遂行能力，憂鬱と生活の質の関係」29(2).

キムゴウン［2011］「痴呆管理法制定による慶南の対応課題」『慶南政策 Brief』.

キムジヘ［2004］「ロジックモデルを利用したプログラム理論構築——ブリッジプロジェクトを中心に」『韓国児童福祉学』18.

キムドクチュ・キムミギョン［2011］「老人長期療養保険制度の痴呆政策に関する考察」『The Journal of Korena Association Occupational Therapy Policy for Aged Industry』3(1).

キムドンニプ・イサムヨル［2011］「プログラムロジックモデルの概念と類型化に関する小考」『韓国政策学会報』20(1).

キムドンファ・オムギウク［2015］「痴呆特別等級制度の施行以降，痴呆老人家族のケア経験に関する研究——ケアの困難さと必要な社会サービスを中心に」『老人福祉研究』70.

キムミョンス・コンビョンチョン［2016］『政策評価論』テヨン文化社.

行政安全部［2017］「'17年8月末，住民登録人口5,175万人」(http://www.mois.go.kr/frt/bbs/type010/commonSelectBoardArticle.do?bbsId=BBSMSTR_000000000008&nttId=59453, 2017年10月21日閲覧).

クォンジュンドン［2012］『痴呆患者と家族福祉——還元と統摂』ハッジサ.

クォンジュンドン［2016］『老人福祉論　第6版』ハッジサ.

国民健康保険公団［2017］「2016老人長期療養保険統計年報」(http://www.nhis.or.kr/bbs7/boards/B0160/24105, 2017年11月5日閲覧).

ソンウドク［2013］「ドイツの長期療養保険制度を通した痴呆ケア政策と示唆」『保健福祉フォーラム』201.

チェヒギョン［2016］「痴呆関連社会福祉研究の動向分析——国内社会福祉学術誌論文を中心に」『Korean Journal of Social Welfare Research』51.

チェビョンミン・リュジョン［2012］「プログラム理論主導の評価モデルにもとづく生涯学習フェスティバル政策評価研究」『韓国政策分析評価学会学術大会発表論文集』2012(2).

チェミョンギ［2014］「高齢化社会での痴呆発病老人の福祉政策に関する研究」（http://www.riss.kr/search/detail/DetailView.do?p_mat_type=be54d9b8bc7cdb09&control_no=a14aad7a40c07a27ffe0bdc3ef48d419, 2016年7月29日閲覧）.

チャンハンナ［2015］「老人福祉政策代案開発のための統合方法論研究——痴呆特別等級制度の政策変動過程に関する分析」（http://www.riss.kr/search/detail/DetailView.do?p_mat_type=be54d9b8bc7cdb09&control_no=c2f23d5c35216073ffe0bdc3ef48d419, 2016年2月21日閲覧）.

チャンハンナ［2016］「痴呆サポートサービス供給システムの地域格差の研究」『保健社会研究』36(2).

チャンヒヨン［2008］「教会父母教育プログラムに対する論理主導評価研究」2008年度ソウル女子大学大学院博士論文.

中央痴呆センター［2016］「痴呆，きょうは」（http://nid.or.kr/info/today_list.aspx, 2017年1月31日閲覧）.

チョヒョンミン［2014］「外国人勤労者教育プログラムのプログラムセオリー評価——ロジック・モデル（Logic Model）を適用して」中央大学大学院修士論文.

チョンアルム［2008］「我が国の痴呆政策の実態と改善方法に関する研究」（http://www.riss.kr/search/detail/DetailView.do?p_mat_type=be54d9b8bc7cdb09&control_no=f0790263cd298883ffe0bdc3ef48d419, 2016年8月8日閲覧）.

チョンウォングン［2008］「中産層家庭の痴呆老人福祉支援政策研究」（http://www.riss.kr/search/detail/DetailView.do?p_mat_type=be54d9b8bc7cdb09&control_no=899114d69925f8b0ffe0bdc3ef48d419, 2016年8月8日閲覧）.

チョンウチョル・ウチャンビン［2015］「多元的政策流路モデル（The Multiple-Streams Framework）の修正モデルを活用した政策過程分析——痴呆特別等級制度の政策変動過程に関する分析」『韓国政策学会報』24(3).

統計庁［2016］「期待寿命」（http://www.index.go.kr/potal/main/EachDtlPageDetail.do?idx_cd=2927, 2017年1月20日閲覧）.

統計庁［2017］「市・道別，設立区分別，給与種類別長期療養機関の現状」（http://kosis.kr/statHtml/statHtml.do?orgId=350&tblId=DT_35006_N020&vw_cd=MT_ZTITLE&list_id=350_35006_A004&seqNo=&lang_mode=ko&language=kor&obj_var_id=&itm_id=&conn_path=MT_ZTITLE, 2017年6月15日閲覧）.

ノファジュン［2015］『政策評価論』法文社.

パクキヨン［2011］「痴呆老人福祉政策の改善方法に関する研究——老人長期療養保険制度を中心に」（http://www.riss.kr/search/detail/DetailView.do?p_mat_type=be54d9b8bc7cdb09&control_no=3d5c943d8e6d8d22ffe0bdc3ef48d419, 2016年7月29日閲覧）.

パクセジョン・キムハンゴン［2009］「痴呆老人の生活の質と施設環境要因に関する研究」『韓国老年学』29(4).

パクソウォン・キムファン・クォンヒョッチョル［2012］「国家別痴呆老人関連政策の比較

――長期療養保険制度を中心に」『再活科学研究』30(1).

パクソヨン［2007］「HRD プログラムの論理主導的評価体制開発」『韓国教育学研究』13(1).

盆唐ソウル大学病院［2014］「第 3 次国家痴呆管理計画樹立のための事前企画研究」（http:
//www. prism. go. kr/homepage/entire/retrieveEntireDetail. do? cond_research_name=
&cond_research_start_date=&cond_research_end_date=&research_id=1351000-2015000
96&pageIndex=72&leftMenuLevel=160, 2016年 1 月 3 日閲覧）.

ペホスン［2002］「教育課程を中心にしたプログラム論理パターンの探索」『教育評価研究』
15(1).

ペユンジョ［2012］「社会的ネットワークの種類と痴呆老人の生活の質」『Journal of the
Korea Academia-industrial cooperation Society』13(11).

法制処［2016a］「老人福祉法」（http://www.law.go.kr/lsInfoP.do?lsiSeq=167747&lsId=01144
2&chrClsCd=010202&urlMode=lsEfInfoR&viewCls=thdCmpNewScP#0000, 2017 年 1 月
20日閲覧）.

法制処［2016b］「痴呆管理法」（http://www.law.go.kr/lsInfoP.do?lsiSeq=167747&lsId=01144
2&chrClsCd=010202&urlMode=lsEfInfoR&viewCls=thdCmpNewScP#0000, 2016 年 2 月
16日閲覧）.

法制処［2017］「老人長期療養保険法」（http://www.law.go.kr/lsSc.do?menuId=0&subMenu
=1&query=%EB%85%B8%EC%9D%B8%EC%9E%A5%EA%B8%B0%EC%9A%94%EC%
96%91%EB%B3%B4%ED%97%98, 2017年 7 月 2 日閲覧）.

保健福祉部［2008］「痴呆総合管理対策」（http://www.mohw.go.kr/front_new/al/sal0301
vw.jsp?PAR_MENU_ID=04&MENU_ID=0403&BOARD_ID=140&BOARD_FLAG=00&C
ONT_SEQ=45452&page=1, 2016年 4 月27日閲覧）.

保健福祉部［2014］「生活のなかの痴呆対応戦略」（http://www.mohw.go.kr/front_new/al/
sal0301vw. jsp? PAR_MENU_ID=04&MENU_ID=0403&CONT_SEQ=301582&page=1,
2016年 4 月27日閲覧）.

保健福祉部［2015a］「2014年老人虐待現状報告書結果発表」（http://www.mohw.go.kr/
front_new/al/sal0301vw. jsp? PAR_MENU_ID=04&MENU_ID=0403&page=1&CONT_
SEQ=323417, 2016年 6 月 2 日閲覧）.

保健福祉部［2015b］「第 3 次痴呆管理総合計画（2016～2020）樹立研究」（http://www.
prism. go. kr/homepage/researchCommon/retrieveResearchDetailPopup. do? research_
id=1351000-201500320, 2016年 4 月27日閲覧）.

保健福祉部［2015c］「痴呆検診給付転換，24時間訪問療養導入，痴呆家族相談点数新設など
痴呆負担が大幅に軽減される」（3 次計画）（http://www.mohw.go.kr/front_new/al/sal
0301vw. jsp? PAR_MENU_ID=04&MENU_ID=0403&CONT_SEQ=329062&page=1, 2015
年12月19日閲覧）.

保健福祉部［2016］「2016年老人保健福祉事業案内公示」（http://www.mohw.go.kr/front_
new/jb/sjb030301vw.jsp? PAR_MENU_ID=03&MENU_ID=0329&CONT_SEQ=331999&

page=1, 2016年 6 月 2 日閲覧）．

ヤンジョンフン［2008］「痴呆老人福祉政策の発展方向に関する研究」（http://www.riss.
kr/search/detail/DetailView.do?p_mat_type=be54d9b8bc7cdb09&control_no=618c33fba
fceb406ffe0bdc3ef48d419, 2016年 8 月 8 日閲覧）．

ユエジョン［2015］「長期療養 5 等級（痴呆特別等級）モデル事業評価の結果分析を通した
政策的含意」『韓国老人福祉学会学術発表論文集』2015(2)．

ユスンヒョン・キムヘギョン［2010］「メタボリックシンドロームを改善するための生活習
慣介入プログラムのプログラム理論評価」『保健教育・健康増進学会誌』27(4)．

【英語文献】

Bickman, L. [1987] The Functions of Program Theory, *New Directions for Evaluation,* 33.

Bickman, L. (ed.) [1990] Advances in Program Theory, *New Directions for Evaluation,* 47.

Bradshaw, J. [1972] *The concept of social need,* Statesman & Nation Publishing.

Brousselle, A. and Champagne, F. [2011] Program Theory Evaluation: Logic analysis, *Evaluation and Program Planning,* 34.

Chen, H. T. [1990] *Theory Driven Evaluation,* Sage Publications.

Chen, H. T. [2005] *Practical Program Evaluation: Assessing and Improving Planning, Implementation, and Effectiveness,* Sage Publications.

Davis, R. W. [2000] Using Program Theory to Improve Social Program Evaluation: A Qualitative Study of the College Reach-out Program in Florida (unpublished doctoral dissertation, Harvard University).

Dean, H. [2010] *Understanding Human Need: Social Issues, Policy and Practice,* The Policy Press（福士正博訳『ニーズとは何か』日本経済評論社，2012年）．

Donaldson, S. [2003] Theory-driven Program Evaluation in the New Millennium, Donaldson, S. and Scriven, M. eds. *Evaluating Social Programs and Problems: Visions for the New Millennium,* Lawrence Erlbaum Associates.

Funnell, S. [1997] Program Logic: An Adaptable Tool, *Evaluation News and Comment,* 6(1).

Gilbert, N. and Specht, H. [1974] *Dimentions of Social Welfare Policy,* Prentice-Hall.

Gilbert, N. and Terrell, P. [1998] *Dimensions of Social Welfare Policy,* 4th ed., Allyn & Baco.

Gilbert, N. and Terrell, P. [2002] *Dimensions of Social Welfare Policy,* 5th ed., Prentice-Hall Inc.

Held, V. [2006] *The Ethic of Care: Personal, Political, and Global,* Oxford University Press.

Lenne, B. and Cleland, H. [1987] Describing Program Logic, *Program Evaluation Bulletin 1987*, no. 2, Public Service Board of New South Wales.

McLaughlin, J. A. and Jordan, G. B. [2010] Using Logic Models, Wholey, J. S., Hatry, H. P. and Newcomer, K. E. eds. *Handbook of Practical Program Evaluation*.

OECD [2015] *Addressing Dementia: The OECD Response* (http://www.oecd.org/health/addressing-dementia-9789264231726-en.htm, 2016年6月15日閲覧).

Prosavac, E. J. and Prosavac, E. J. [1997] *Program Evaluation: Methods and Case Studies* 5th ed., Prentice Hall.

Reynolds, A, J. [1998] Confirmatory Program Evaluation: A method for strengthening causalinference, *American Journal of Evaluation*, 19(2).

Rogers, P, J. [2000] Program Theory: Not Whether Programs Work but How They Work, Stufflebeam, D. L., Madaus, G. F. and Kellaghan, T. eds. *Evaluation Models Viewpoints on Educations and Human Services Evaluation* 2nd ed., KluwerAcademic Publishers.

Rogers, P. J., Petrosino, A., Huebner, T. A. et al. [2000] Program Theory Evaluation: Practice, Promise, and Problems, *New Directions for Evaluation*, 2000(87).

Rossi, P. H., Lipsey, M. W. and Freeman, H. E. [2004] *Evaluation: A Systematic Approach* 7th ed., Sage Publications（大島巌・平岡公一・森俊夫ほか訳『プログラム評価の理論と方法——システマティックな対人サービス・政策評価の実践ガイド』日本評論社，2005年）.

Savas, S. A., Fleming, W. M. and Bolig, E. E. [1998] Program Specification: A Precursor to Program Monitoring and Quality Improvement. A Case Study from Boysville of Michigan, *The Journal of Behavioral Health Services & Research*, 25(2).

Scriven, M. [2003] Evaluation Theory and Metatheory, Kellaghan, T., Stufflebeam, D. L. and Wingate, L. A. eds. *International Handbook of Educational Evaluation*, Kluwer Academic Publishers.

Stufflebeam, D. L. and Shinkfield, A. J. [2007] *Evaluation Theory: Models and Application*, Jossey-Bass.

Suchman, E. [1967] *Evaluative Research*, Russell Sage.

Sidani, S. and Sechrest, L. [1999] Putting Program Theory into Operation, *American Journal of Evaluation*, 20(2).

Stufflebeam, D. L. [2000] Foundational Models for 21st Century Program Evaluation, Stufflebeam, D. L., Madaus, G. F. and Kellaghan, T. eds. *Evaluation Models Viewpoints on Educations and Human Services Evaluation* 2nd ed., KluwerAcademic Publishers.

Tyler, R. W. [1950] *Basic Principles of Curriculum and Instruction*, University of Chicago Press.

Walker, A. ed. [2005] *Understanding Quality of Life in Old Age,* Open University Press, McGraw-Hill Education（岡田進一・山田三知子訳『イギリスにおける高齢期の QOL ——多角的視点から生活の質の決定要因を探る』ミネルヴァ書房，2014年）.

Weiss, C. H. [1972] *Evaluation Research: Methods of Assessing Program Effectiveness,* Prentice-Hall.

Weiss, C. H. [1995] As Practical as Good Theory: Exploring Theory-Based Evaluation for Comprehensive Community Initiatives for Children and Families, Connell, J. P., Kubisch, A. C., Schorr, L. B. et al. eds. *New Approaches to Evaluating Community Initiatives: Concepts, Methods and Contexts,* Aspen Institute.

Weiss, C. H. [1997] Theory-based Evaluation: Past, Present and Future, *New Directions for Evaluation,* 76.

Weiss, C. H. [1998] *Evaluation: Methods for Studying Programs and Policies,* 2nd ed., Prentice-Hall（佐々木亮・前川美湖・池田満ほか訳『入門評価学——政策・プログラム研究の方法』日本評論社，2014年）.

World Health Organization and Alzheimer's Disease International [2012] *Dementia: a public health priority,*（http://www.who.int/mental_health/publications/dementia_report_2012/en/，2016年10月9日閲覧）（日本公衆衛生協会訳『認知症——公衆衛生対策上の優先課題』日本公衆衛生協会，2015年）.

索　引

〈ア 行〉

アウトカム　109, 110, 121, 122, 125, 127, 133
　　-137
アウトプット　110, 111, 127, 137
ASCOT（the Adult Social Care Outcomes
　　Toolkit）　112, 113, 132
アドボカシー　153
意思決定支援　137, 138, 155
因子分析　117
インタビューガイド　77
インパクト理論　9, 15, 26, 36-40, 66, 69, 74,
　　143, 151
オープン・コード　78

〈カ 行〉

家族休暇制度　111, 127, 137
活動　109-111, 122, 123, 125, 134-137
仮定　9, 15, 25-28, 30, 36, 37
環境　6, 142
関係性の回復　156, 157
記述統計　116
QOL（Quality of Life）　90, 91, 156
業績測定　22
暮らしの保障　8, 153, 154
形成的評価　12, 18, 22
研究仮説　108-111
国家痴呆管理委員会　1, 43, 45

〈サ 行〉

在宅ケア　107, 108, 144
3次計画　1, 7, 43, 45, 46, 49, 90, 151, 152
実施上の失敗　142
質的データ分析法　77, 145
質問紙　112
社会参加　133, 157
重回帰分析　117
10大核心目標　46, 74
焦点的コード　78, 88, 145
ショートステイ　45, 89

〈タ 行〉

新オレンジプラン　74, 154
心理面での安定　88, 89, 155
推進成果評価報告書　93, 146, 159
ステークホルダー　38, 75, 153
整合性　8, 10
政策評価　12, 18, 19, 24
政策分析における3P　2
精神的・情緒的サポート　137, 138, 155
セオリー評価　8-12, 15, 23-31, 36-42, 67,
　　142-144, 160
総括的評価　18

〈タ 行〉

地域社会　46, 154
痴呆管理法　1, 43-45, 140
痴呆パートナーズ　95, 146, 157
痴呆ユニット　90
中央痴呆センター　7
中間評価　12
長期療養機関　44
定性的コード　78
特別現金給付　44, 45

〈ナ 行〉

ニーズ　10, 11, 22, 37, 39, 40, 69, 74, 75, 91, 92,
　　107-113, 118, 119, 121-123, 129-135, 137,
　　138, 145-147, 153, 158-161
24時間訪問療養機関　111
認知症　6, 134
認知症国家戦略（イギリス）　153
認知症サミット　74
認知症総合計画　6-8, 74, 140-142, 151

〈ハ・マ行〉

半構造化面接　76, 145
ピアソンの積率相関分析　117
BPSD（Behavioral and Psychological Symp-
　　toms of Dementia）　90
評価可能性評価　24
評価指標　8, 37, 67

評価設問　69, 108-111, 116, 117, 143, 151
福祉政策　141
２つの視点（セオリー評価の）　37, 69, 107, 142
フレーミング　88, 91
プログラム評価　18, 19, 22, 26, 158
プログラム理論　8-10, 15, 24-28, 30, 109, 142, 143, 157-159
プロセス理論　9, 15, 26, 36, 37, 39, 40, 66, 69, 93, 95, 144, 151

保健福祉部　7, 45, 46
メタ評価　16, 93, 146

〈ラ　行〉

理論上の失敗　142
老人長期療養保険制度　1, 44, 90
ロジックモデル　9, 15, 27-30, 37, 39, 49, 50, 51, 67, 108, 109, 158, 160
論理性と説得力　11, 35, 107, 110

《著者紹介》

李　玲珠（い　よんじゅ）

韓国・蔚山市生まれ
2003年　同志社大学文学部社会学科社会福祉学専攻卒業
2005年　同志社大学大学院社会学研究科社会福祉学専攻博士前期課程修了
2018年　同志社大学大学院社会学研究科社会福祉学専攻博士後期課程修了，
　　　　博士（社会福祉学）

高齢者福祉施設でソーシャルワーカーとして，療養病院で準看護士として勤務．現在は
エリム総合福祉センター（蔚山市の高齢者福祉施設）勤務のかたわら，地元大学の非常
勤講師などを務める．

ガバナンスと評価 8
韓国認知症政策のセオリー評価

2019年6月30日　初版第1刷発行　　＊定価はカバーに
　　　　　　　　　　　　　　　　　　表示してあります

著　者　李　　玲　珠©

発行者　植　田　　実

印刷者　江　戸　孝　典

発行所　株式会社　晃　洋　書　房

〒615-0026　京都市右京区西院北矢掛町7番地
電話　075(312)0788番(代)
振替口座　01040-6-32280

装丁　クリエイティブ・コンセプト　印刷・製本　㈱エーシーティー
ISBN978-4-7710-3211-8

[JCOPY] 〈(社)出版者著作権管理機構　委託出版物〉
本書の無断複写は著作権法上での例外を除き禁じられています．
複写される場合は，そのつど事前に，(社)出版者著作権管理機構
（電話03-5244-5088, FAX 03-5244-5089, e-mail: info@jcopy.or.jp）
の許諾を得てください．